世界名人非常之路

达尔文

从玩甲虫的孩子到博物学家

苗晋平◎编著

中国社会出版社
国家一级出版社·全国百佳图书出版单位

“世界名人非常之路”编委会

写在前面的话

童年时代的夏夜，我和小伙伴们时常躺在家乡的草坪上，仰望着美丽的星空，偶尔还能看见流星划过，那时的欢呼与过后的惊诧至今仍历历在目。冬天的早晨，我们则常常流连于冰雪覆盖的小路，经常因堆雪人和打屋檐的冰凌锥而忘记了上学。当然，春天和秋天对于孩子们来说，更是大自然赐予最慷慨、最丰厚的时候。无论是春花的烂漫还是秋果的诱人，至今都是我心中最温暖的回忆。

随着年岁的增长，许许多多扑朔迷离的自然现象，构成了一个又一个神秘莫测的奥秘。自然界的事物不再只是心头美丽的驻足，而是慢慢地变成了诸多诱使我去探索的动力。幸好，学校的数、理、化、生物等课程给了我一些答案。但是，课本的知识毕竟十分有限，而阅读课外书籍给了我巨大的帮助。

在成长过程中，随着知识的增加，我的好奇心也越来越强，迫切地想要了解那些发明创造的过程和那些奇思妙想的主人。是谁捡到了那只证明了万有引力的苹果？是谁让漆黑的夜晚亮如白昼？是谁开启了工业时代的大门？又是谁让人类迎来了飞天的奇迹？是他们，站在科技前沿的科学家们，带着诸多疑问，不断地对我们生存的空间进行研究，渴求破译这充满超自然现象的世界。是他们一步步带领着我们进入科技时代。

茫茫宇宙中是否还存在其他智慧生物？如何科学地解释人体与自然的离奇现象？他们用不断探索的精神引领我们认知世界，辨别真伪。我们为他们的创造精神而感动，为他们的科研成果而骄傲，更为他们对人类的贡献表示由衷的感谢！

写在前面的话

被逼“退学”的发明大王爱迪生，中国现代数学之父华罗庚，带给人类动力的发明家瓦特，太空探索的先驱者布劳恩，实验科学研究的先驱伽利略，为人类插上翅膀的莱特兄弟，放射性元素之母居里夫人……我们将这些科学家的故事汇集起来，编撰成册，希望能让读者朋友们全面了解他们的一生和那些与他们无法分离的伟大事迹，使大家从中有所收获。

就让我们一同走近这些科学家，了解他们发明创造背后的故事，让他们的成长历程启示我们；让他们的挫折坎坷激励我们；让他们的灵感火花指引我们，让我们站在巨人的肩膀上，走向更高的目标，实现更伟大的理想！

“世界名人非常之路”大型系列丛书之“科学家成长之路”篇，就是这样一套专门拓展中学生科学视野，提高科学素养的图书。让我们沉醉于神奇、瑰丽的大千世界之中，感受科技的强大，伟人的魅力，从而启迪智慧，丰富想象，激发创造，培养青少年热爱科学、献身科学的决心，以及热爱人类、保护环境的爱心。

丛书紧密结合当前中学教材中涉及的历史名人，以及物理、化学、生物、地理、天文、材料、医学、能源、环境、航空航天等多方面的科学知识。在这里，科学家的成功不再神秘，愿科学家的成长之路能够成为你开启成功之门的金钥匙。

年轻的朋友们，让知识为你们的梦想插上科学的翅膀吧！

达尔文

人物简介

生卒与经历

查尔斯·罗伯特·达尔文（Charles Robert Darwin，1809～1882），英国生物学家，进化论的奠基人。

1809 年 2 月 12 日，达尔文出生在英国小城镇施鲁斯伯里。年轻的达尔文曾学习医学和神学，在课余结识了一批优秀的博物学家。

1831 年底，达尔文以博物学家的身份，随英国派遣的“贝格尔”号环球航行，做了五年的科学考察。

在考察过程中，达尔文在动植物和地质方面进行了大量的采集和研究，经过综合探讨，形成了生物进化的观念。

1859 年，达尔文出版了震动当时学术界的《物种起源》，提出了生物进化论学说。

成就与贡献

达尔文创立了科学的生物进化论，证明了形形色色的生物都不是上帝创造的，而是在遗传、变异、生存斗争自然选择中，由简单到复杂，由低等到高等，不断发展变化的，从而摧毁了各种唯心的神创论和物种不变论。

达尔文的主要著作有《物种起源》、《动物和植物在家养下的变异》和《人类的由来和性选择》等。

达尔文进化论从本质上改变了我们对地球生命现象的理解，唯物地阐明了生物的进化机制，从而颠覆了神创论在生物学中的统治地位。

达尔文还对人工选择做了系统的阐述，提出性选择及人类起源的理论，进一步充实了进化学说的内容。

达尔文在《人类的由来和性选择》一书中提出了人类自较低的生命形式进化而来的证据，提出了动物和人类心理过程相似性的证据，还报告了进化过程中自然选择的证据等。

地位与影响

达尔文是19世纪最重要的植物学家、昆虫学家和地质学家，是研究食虫植物、珊瑚礁、鸽子、蜜蜂、蚯蚓、兰花、甲虫和藤壶的权威。他的自然法则演化观点，使生物学成为一门独立的科学。

在后世的科学发展中，演化的知识被应用于很多药品的研发中，有些其他的生物科技，甚至是资讯产业，都会用到这方面的知识。达尔文进化论为进化生物学研究提供了比较和分析的途径。

由于《物种起源》的成功和达尔文非凡的人格和智慧，人们把自然选择理论称为“达尔文主义”。

达尔文所提出的天择与性择，在生命科学中是一致通用的理论。除了生物学之外，他的理论对人类学、心理学以及哲学来说也相当重要。

达尔文的进化论，为马克思主义哲学的产生提供了自然科学的依据。

马克思在评价达尔文的《物种起源》时说，它非常有意义，“这本书可以用来当作历史上的阶级斗争的自然科学根据”。恩格斯将“进化论”列为19世纪自然科学的三大发现之一。

目录

达尔文

年少志大

历险考察

深化认识

年少志大

敢于浪费哪怕一个钟头时间的人，就说明他还不懂得珍惜时间的全部价值。

—— 达尔文

兴趣广泛的孩子

1800 年，罗伯特·瓦尔宁·达尔文医生在流淌于英伦大地的塞文河畔的悬崖峭壁上，建起了一座三层高的红砖楼房。

1809 年 2 月 12 日，在这座楼房里，罗伯特·瓦尔宁·达尔文医生的妻子苏珊娜为他生下了他的第五个孩子——查尔斯·达尔文。

塞文河的两岸到处是自然的盛景，绿树葱茏，鸟语花香，风光如画。不论是云雾缭绕的坎布连山脉，还是施鲁斯伯里地带，到处是一派生机勃勃的景象。

在查尔斯·达尔文家的楼下有一个种满了各种花草和果木的花园，花园里有一个非常漂亮的暖花房。一条弯弯曲曲的小路绕过峭壁延伸到远方，真可谓是曲径通幽境。

这条由罗伯特·瓦尔宁·达尔文医生和来这里求医的人们踏出来的小路，被人们称为“医生路”。在路旁有一棵高大的栗树，树枝相互平行地弯曲着，既是一抹亮丽的风景，又能为人们遮挡阳光。

查尔斯·达尔文小时候最喜欢这棵树了，他经常和妹妹凯瑟琳在树下玩耍嬉戏。小达尔文还在花园里和沿河的小路上到处玩“冲锋”，向树上的小鸟“开枪”射击。

1810 年的夏天，苏珊娜在生了小女儿凯瑟琳以后，健康状况逐

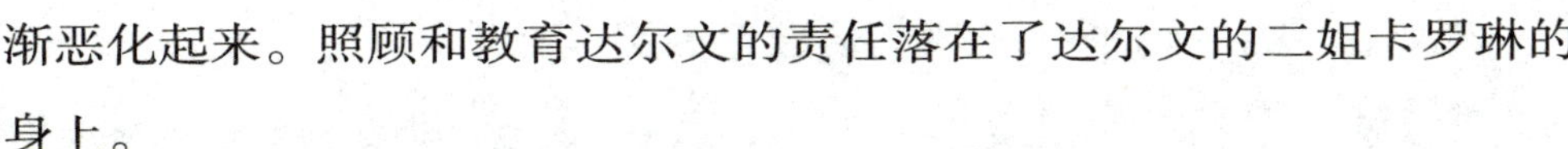

渐恶化起来。照顾和教育达尔文的责任落在了达尔文的二姐卡罗琳的身上。

卡罗琳从小就表现出她的过人之处，她是达尔文三个姐姐中最聪明的一个。她认为达尔文是家里最淘气的一个孩子，总爱把家里发生的一切鬼把戏都算在他的账上。达尔文心里很是不服气，他也从不服从二姐的管教。

有一天，风和日丽，和煦的阳光洒在大地上，蔚蓝的天空飘着几朵轻纱似的浮云，大地散发出特有的诱人清香。

在这大好的天气，大好的时节，母亲带着达尔文和凯瑟琳在花园里玩耍。两个孩子采了一些美丽的花朵，又打算去捕捉飞舞的蝴蝶。

母亲拿起花铲想给丈夫栽的几棵树苗培上土。她铲起一撮乌黑的泥土，用鼻子闻了闻，然后把它培在小栗树的树根旁边。

“妈妈，我也要闻闻。”

达尔文欢天喜地地蹦跳过来，学着妈妈的样子闻着乌黑的泥土。

接着他又提出了问题：

“妈妈，你为什么要给树苗培土？”

“我要让树苗像你一样茁壮地成长。”母亲说，“别小看这些带着大自然气味的泥土，它却是万物生长的基础。是它长出了青草，青草育肥了牛羊，我们才有了肉、奶、奶油和干酪；这泥土使花朵开放，蜜蜂才成群飞来；这泥土滋养着燕麦和小麦，我们才有了粮食和面包。”

“妈妈，那泥土里为什么长不出小猫和小狗来呢？”

母亲笑着耐心地回答说：

“你怎么提出这样的‘傻’问题呢？小猫和小狗是猫妈妈和狗妈妈生的，是不能从泥土里长出来的呀！”

“我和妹妹是您生的，您是姥姥生的，对吗？”

“对啊！所有的人都是他们的妈妈生的！”

“那最早的妈妈是谁？她又是谁生的呢？”

“听说最早的妈妈是夏娃。不过，我只知道圣母玛利亚。”母亲信教，常带着孩子去教堂做礼拜。

她用手指着远方的教堂对儿子说：

“就是教堂里那个圣母玛利亚，可能夏娃和圣母玛利亚都是上帝造的。”

“那上帝又是谁造的呢？”

“亲爱的，世界上有很多事情，对于我，对于你爸爸，对于所有的人来说，都还是一个谜，我希望你长大了自己去找答案，做一个有出息、有学问的人。”

达尔文在幸福的童年时代所遭受的第一次沉重的打击，就是在他8岁的时候母亲因病过早地离开了人世。

母亲的去世，在达尔文幼小的心灵里，留下了永远难以弥补的创伤。给他印象最深的就是他的母亲在去世前，长期卧床治病的情景。

达尔文脑海中只记得母亲病故时所睡的床铺、她穿着的黑色丝绒长袍和她的构造特殊的针线桌。

但是，达尔文并没有被厄运带来的痛苦所压倒。他从自己的爱好中找到了乐趣。

达尔文不但天生喜欢各种各样的动物，而且喜欢搜集不同种类的植物、贝壳，以及一些矿物的标本。

有时候，达尔文为了钓鱼，经常独自坐在河边或者池塘边一整天。他静静地注视着水上的浮标、水下的游鱼和那缓缓流动的塞文河水，头脑里不知在思索着什么。

达尔文也喜欢摸鸟蛋，但是，他每次总要给可怜的雌鸟留下一两个鸟蛋，绝不会全部拿走。如果不这样做，他就觉得自己简直是太残忍了。

有一次，他在自家的房子附近打了一只小狗，打得并不重，连小

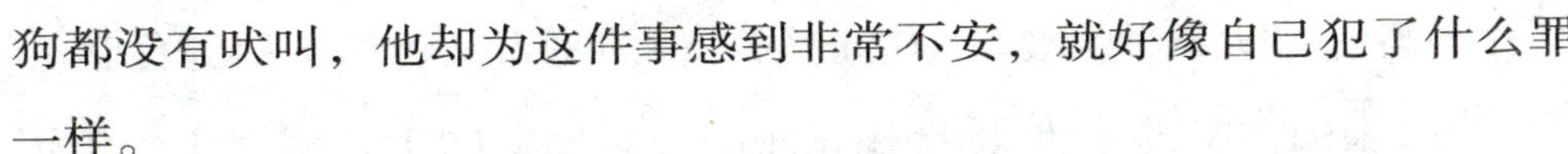

狗都没有吠叫，他却为这件事感到非常不安，就好像自己犯了什么罪一样。

一滴露水可以反映出阳光，从这些小事中可以看出，达尔文从小就是一个心地善良的人。

达尔文的父亲是一个身材高大而又魁梧的男子，他在不到 21 岁就开始行医了，在他 21 岁时便以其精湛的医术和丰富的医学知识，获得了莱丁大学的医学博士学位。

年轻的医学博士罗伯特·瓦尔宁·达尔文不仅有高明的医术，而且还特别博得人们的信任。他开业仅半年就治愈了四五十个病人。

有些妇女在诉说自己的病情时，常常是痛哭流涕，因此耽误了医生很多宝贵的时间。

医学博士很快就发现，愈是请她们不要哭，她们哭得就愈厉害。

于是医学博士总是先让她们哭个痛快，并告诉她们流泪要比其他任何的办法，更能使她们身心轻松。

这样一来的结果，反而使她们很快就停止了哭泣。于是医学博士就可以听她们诉说病史，进行诊断了。

由于医学博士非常善解人意，很多来这里就诊的病人，特别是妇女们都来向他请教，把一切生活上的苦痛经历都向他倾诉。她们似乎把他当作了一位神甫，认为他可以帮助自己解决生活中的种种不幸。

达尔文深受二姐和哥哥的影响。二姐卡罗琳是个爱管事的小大人，每次达尔文上学前，她都要事先在家中给达尔文预备功课。她时常想要纠正达尔文的脾气，却显得有点热心过度了，以至几十年后达尔文还记忆犹新。

小时候，当达尔文每次想进二姐的房间时，总不禁会在心中盘算：“她现在又来该说我什么错处呢？”

达尔文的哥哥伊拉司马斯爱好非常广泛，对文学、艺术，甚至对各门自然科学都有着浓厚的兴趣。

正当达尔文中学快要毕业的时候，他的哥哥又迷上了研究化学。

为了做化学试验，他哥哥在花园的工具储藏间中，建立了一个很不错的实验室。他还给实验室配备了专用的仪器装置。

达尔文受到哥哥伊拉司马斯的影响，也对化学产生了浓厚的兴趣，他经常和哥哥一起做试验直至深夜。

他们制出了各种气体和很多化学物。达尔文还认真地阅读了几本化学书籍。

1818 年夏天，9 岁的达尔文和哥哥一起被送进当地的一所旧式学校——施鲁斯伯里中学——住校学习去了，在这里他一待就是 7 年。

虽然达尔文在学校里住宿，他却常常偷着跑回家，不到万不得已的时候绝不回到学校去。

这所中学的校长是达尔文医生的好友别特列尔博士。12 年以前，年仅 24 岁的别特列尔就被任命为校长了。这件事曾经轰动了当时的教育界。

别特列尔上任以后，使原来声望逐年下降的施鲁斯伯里中学很快成为全国最好的十所中学之一。别特列尔决心要恢复学校的声誉。但是有人向他报告：达尔文经常偷偷跑回家或者自己一个人到校外去玩狗打鸟。每次做礼拜，别的学生都老老实实地背《圣经》，他却背诵诗歌。

别特列尔认为，应该让有关教师找达尔文谈一下，使他成为遵守纪律的好学生。

由于达尔文没有作诗的才能，因此他搜集了大量旧诗，在旧诗的基础上进行加工，以应付学校。

达尔文喜欢很多诗人的诗，在这些诗人中，达尔文尤其喜欢雪莱。

在当时，雪莱是英国，是欧洲，甚至是全世界最进步的革命诗人。

在1821年的最后几个月中，达尔文天天埋头阅读和背诵雪莱的诗篇，因为他被这位流亡在意大利的诗人的杰作深深地感动了。他把雪莱的名句抄在一个小本子上，一有空就拿出来欣赏、朗诵，早祷的时候也不例外。

根据校长的命令，负责主持全校学生宗教事务的教士已经在注意达尔文了。这是个非常顽固的教徒，学生们都非常恨他。在12月底的一次早祷中，教士看到达尔文偷偷地拿着小本子，嘴里念念有词。

等到早祷一结束，他就气呼呼地走到达尔文面前说：

“把你的小本子给我！”教士吼叫着伸出毛茸茸的大手，简直像要把达尔文掐死一样。

教士把本子抓到手里，命令达尔文：

“你到我的房间来一下！”

达尔文心里七上八下，不知道教士要干什么。他来到教士的房间，站在写字台前面等着挨训。

教士坐在靠背椅里翻阅着达尔文的小本子。他看到第一页上写着：

那圆脸的少女，人们叫作
月亮的，一身白火焰，
夜风吹拂时，她就掠过了
我的羊毛般的地板；
只有天使听见她的脚步；
……

他觉得这几行诗无可指责，就翻到第二页，上面写着：

播种吧——但是别让暴君搜刮；

寻找财富吧——别让骗子起家；

纺织吧——可别为懒人织锦衣；

铸武器吧——保护你们自己。

“这是煽动造反！”教士朝达尔文怒吼着，“青年人不能读这些极其有害的诗！它们会把你引入歧途的。你摘抄、背诵这些胡言乱语，想干什么？”

教士狠狠地把小本子朝桌上一甩，气得站了起来，嘴里唾沫四溅。

“我不想干什么，老师，我只是喜欢雪莱的诗。我认为，他和莎士比亚、弥尔顿一样伟大，他们的诗歌都是不朽的杰作。”达尔文坚定地回答。

“什么是伟大的诗人？什么是不朽的杰作？我的小评论家，你懂吗？雪莱是一个不信上帝、不敬国王、不爱祖国、诽谤政府、煽动造反的狂人！是疯子！如果在16世纪，他一定会像布鲁诺一样被活活烧死！对你来说，亡羊补牢，犹为未晚。你是名门的后代，我希望你自重自爱，不要受异端思想的诱惑和毒害，不要执迷不悟，断送前程。”

教士以为他这样施以“威严”、晓以“利害”、动以“感情”的“巧妙”策略一定能够制伏眼前这个少年。

但是，他听到的却是这样的回答：

“老师，我听说，莎士比亚在登上文坛的时候，也遭到过某些人的攻击，说他是‘乌鸦’，‘包藏着虎狼之心’，但是现在大家都认为，莎士比亚是我国历史上最伟大、最可爱的作家之一了。弥尔顿在世的时候，为了维护我国人民的民主权利，累得双目失明以后还遭到逮捕、焚书等打击。现在大家都认为弥尔顿是我国历史上最伟大的战士和诗人之一。我相信，雪莱很可能也是这种情况。”

达尔文说了这段话以后，抬头望了望教士，看他的反应怎样。

教士一听，火气就上来了。

“你不要在我面前卖弄学问！你要是坚持错误，我就向校长建议把你开除，我们学校绝不能容忍你这样的害群之马！”

对于“开除”的威胁，达尔文根本不放在心上，因为他对这所学校死板、落后的教学方法非常不满，甚至打算自动离校。

在同教士舌战之后，几个同达尔文要好的小伙伴更加佩服达尔文的学问、勇气和口才了。

这些小家伙都特别讨厌那个教士，但是又不敢公开顶撞，他们都觉得达尔文替他们出了一口气。从那时起，他们不但对诗歌，而且对《世界奇观》也入了迷。《世界奇观》是一本介绍古代七大奇观的儿童读物，在当时的英国，几乎每个小孩人手一册。

有一天晚上，达尔文和小伙伴们对《世界奇观》中所描述的古代七大奇观进行了一场热烈的讨论：

“你们说说，七大奇观中哪一个最神奇？”一个大个子的同学，摆出老大哥的架势考问他的小伙伴。

“空中花园最神奇，”一个名叫乔治的同学回答说，“用高台把花园托在空中，世界上独一无二。”

“摩索拉斯陵墓最神奇，”一个特别喜欢马的同学争辩说，“因为在墓顶上有加里亚国王摩索拉斯和王后阿蒂密丝乘着四匹马的战车像。”

“我认为罗德岛上的太阳神像最神奇，它有100多英尺高。一个雕像有这么高是够神的。”一个喜欢雕塑作品的同学提出了第三种意见。

“我认为金字塔最神奇，在4600多年以前，用大石块筑成高453米、底边长761米、斜面长610米的巨塔，实在是一个世界奇观。”一个名叫杰克的小同学一口气说出了埃及金字塔中最大一座的三个数字，使在场的小伙伴都对他的记忆力表示佩服。

大个子把目光转向达尔文，他问："查尔斯，你的意见呢？"

"我认为它们都特别神奇，我真希望有一天能够到那遥远的地方去亲眼看一看那些古代的奇迹以及现有的珍贵动植物，"达尔文回答说，"虽然七大奇观中保留到今天的只有金字塔，但是我相信世界上肯定还有别的更好玩更有意思的地方和东西。大个子，你想到世界各地去走走、看看和玩玩吗？"

"谁不想呢？哪有机会啊！我们又不是海轮上的水手、军舰上的水兵，可以乘风破浪，周游世界。"大个子失望地说。

"我们现在不是，将来有可能是；只要有这个理想，总有一天会实现的。有两句谚语说：'决心取胜就是成功的一半'；'有志者事竟成'。这个道理不管你信不信，反正我相信。"

达尔文并不满足于抄写和背诵一些诗歌。他从小就酷爱自然科学，兴趣广泛，喜欢思考。他在中学时代表现出来的性格特点，对他后来的事业产生良好影响的主要是：

他有浓厚的、多方面的兴趣，对自己感到有兴趣的东西非常入迷，并且对各种复杂的问题和事物很喜欢寻根究底。甚至在走路的时候，他也会完全陷入沉思。

有一次，他顺着旧城堡的废墟走回学校，由于专心思考一个问题，没有注意脚下坎坷不平的小路，从坎上失足跌了下去。

施鲁斯伯里中学那些不切合实际的单调的课程怎么能够满足这个少年的求知欲呢？达尔文认为，这种学校不能发展他的爱好、观察本领和思考能力，心中渐渐地产生了一种对抗情绪。

他不喜欢一潭死水般的学校生活，他用极大的热情阅读了一些自然科学的著作。吉尔伯特·怀特的《赛尔波恩》使他对观察鸟类习性产生了浓厚的兴趣，引导他对附近各种鸟类进行详细观察，并且作了记录。

达尔文正在冲破旧教育制度的束缚，按照自己的兴趣和爱好不断地扩大自己的知识领域。可是，这一切在他父亲和别特列尔校长看来却是游手好闲，不务正业。

他们不但识别不出这个勤学多思的少年可能成为“千里马”，反而认为他“是一个平庸的孩子，远在普通的智力水平之下”。他的有益的自学活动不但没有得到应有的支持和鼓励，反而被看成是在浪费宝贵的时间。但斥责也没用，达尔文依然我行我素。

达尔文把绝大部分时间都倾注于自己感兴趣的事情上，让想象的翅膀尽情地翱翔。

当他阅读诗感到累了的时候，便骑马到城外郊游，欣赏大自然的风景。骑马这个习惯，达尔文一直保持至晚年。

吝啬的小搜集迷

达尔文所在的学校规定，所有学生一律要住在宿舍里，达尔文的家距离宿舍不过两公里，也必须按照校规住宿。

不过达尔文常常趁着空闲时间跑回家，和兄弟姐妹及朋友玩个痛快，所以他虽然长年住在学校里，却也享受到温暖的家庭生活。

达尔文非常讨厌学校硬性规定背书。对于背诵诗句的事，他也是草草应付了事。总是趁着做礼拜的时间，临时抱佛脚地把四五十行巴齐尔或荷马的诗句背下来，但是不到两天，就忘得一干二净了。

当达尔文快要从中学毕业的时候，他的哥哥正在努力研究化学。在哥哥的影响下，达尔文也用心地阅读了几本化学书籍，威廉·亨利的《化学问答》简直使他着了迷。

他们兄弟两个在父亲花园的工具棚里布置了一间“实验室”，搜集了曲颈瓶、长颈瓶、试管和烧杯等各种各样的化学仪器。他们在这里制造各种气体和许多化合物。达尔文充当哥哥的助手，经常工作至深夜，每当新的实验获得成功，兄弟两个总是高兴得互相拥抱起来。他们在化学实验中度过了许多快乐的时光。

后来，达尔文回忆说：“化学实验使我感到了很大的兴趣，我们经常连续工作至深夜。这是我在学校期间所受到的最好的教育，因为它使我了解了科学实验的意义。”这是多么宝贵的经验啊！

可是，他们做化学试验的事不知怎么在学校里传开了，这在当时是一件不可思议的事情，同学就给达尔文取了个“瓦斯”的外号。

别特列尔校长知道了这件事情以后，更是勃然大怒。他认为这是不能容忍的胡闹，决心制止这种目无校规的行为。

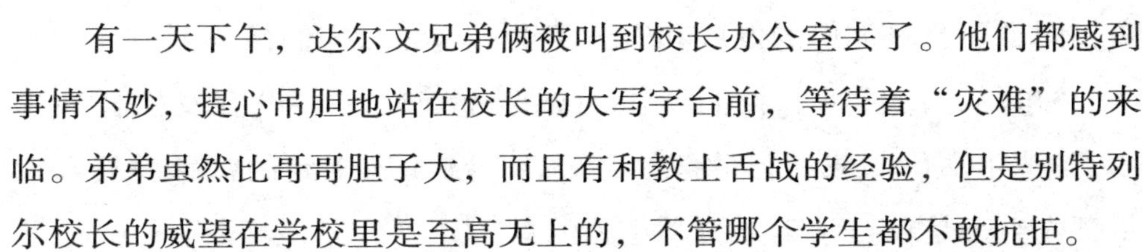

有一天下午，达尔文兄弟俩被叫到校长办公室去了。他们都感到事情不妙，提心吊胆地站在校长的大写字台前，等待着“灾难”的来临。弟弟虽然比哥哥胆子大，而且有和教士舌战的经验，但是别特列尔校长的威望在学校里是至高无上的，不管哪个学生都不敢抗拒。

所以达尔文和哥哥一样，在威严的校长面前，低着头，闭着嘴，眼睛望着地面，不像上一次在教士面前那样镇定自若了。

别特列尔校长用严肃的令人生畏的语调对达尔文的哥哥说：“你是哥哥，你先说说吧。你们干的事已经有人告诉我了。你必须讲清楚：这是怎么回事？为什么不好好学习规定的功课，却要想入非非，任意胡闹？”

“校长，我……我很……抱歉，”达尔文的哥哥忍住喉咙的哽咽，结结巴巴、含混不清地说，“我……我恐怕我并不十分……”

“那么你大概可以说得清楚一点了，”别特列尔的眼睛盯着年纪比较小的达尔文，“你的老师告诉我，你向来是善于辞令的。你犯错误的时候，蒙克先生批评你，你还和他进行了一场舌战。今天你必须老实地讲清楚，这次胡闹是谁出的主意？”

两个孩子都显得狼狈不堪，无地自容。别特列尔继续严厉地说：“有人告诉我，说你们两个经常偷偷跑回家玩有毒的化学药品，一玩就玩到深夜，白天听课没精打采，甚至打瞌睡。有没有这回事？”

“尊敬的校长，不是这么回事，”达尔文突然有了勇气，大胆地说，“我们没有玩有毒的化学药品，只是做了一些化学实验。做科学实验能够说是胡闹吗？”

“啊！达尔文，真的吗？”校长讥讽地笑着说，“这么说，我们这里有两位未来的波义耳、戴维、卡文迪许或者是道尔顿了？在我的印象里，搞科学实验的应该是成年的科学家，而不是你们这种乳臭未干的娃娃。特别是做化学实验，稍不留心，哪怕有半点差错，就会发生事故；轻的受伤，重的丧命。我作为校长，不但要对你们的学业负责，而且还要对你们的健康和安全负责。这一点你们懂吗?”

“可是，校长……我们所做的试验都成功了，没有发生任何事故，”达尔文仍旧感到有辩护的必要，“刚才您提到的戴维教授和道尔顿先生都是靠自学走上科学道路的啊!”

“够了!”别特列尔校长用指关节敲着写字台桌面，怒不可遏，“我不要再听这些了。你们被送到这里来，是为了学习古典文学和其他各门功课的，绝不能想干什么就干什么。每个学生都像你们这样随心所欲，各行其是，那学校还成什么体统呢！现在你们回教室去，发奋地学好当前的功课。如果你们还是执迷不悟、屡教不改，我就不得不请你们的父亲把你们领走。”

没过多久，别特列尔在一次早祷以后，当着全校师生的面训斥达尔文，再次批评他在科学方面的兴趣，说他是一个“不可救药”的学生。当时达尔文没有听懂这个成语的意思，在很长一段时间里他总以为这是一句非常可怕的话。

达尔文不喜欢学校的课业，但是对博物学却很感兴趣，尤其是热衷于采集标本，不管是植物、动物、昆虫，或是石头、贝壳等，他都搜集来，堆满了房间和庭院。

达尔文的姐姐看达尔文搜集一大堆乱七八糟的东西，把房间搞得像垃圾场，非常生气，她命令达尔文说：“赶紧把那些昆虫尸体扔出去，其他的东西，烧掉也罢，埋掉也罢，或者送人也罢，就是不准留在家里。”

达尔文把这些搜集品，当作宝贝一样，别说是丢掉，叫他送人都不肯呢！他可是标准的“吝啬搜集迷”呢！

在所有的搜集品中，达尔文最热衷于搜集各种矿石，不过做法很不科学，他只知道拼命地搜集那些新发现的矿石，却没有将它们分类整理。

另外，达尔文对采集昆虫也很感兴趣，经常到户外去寻找稀少的昆虫。他认为为了采集标本而杀死昆虫很残忍，因此，他只搜集昆虫的死尸。

达尔文虽然讨厌背那些枯燥无聊的教科书，却读了不少自己喜欢的书。其中，他最喜欢读的两本书是《塞尔本博物志》和《世界的奇妙》。

《塞尔本博物志》是一本小百科书籍，里面介绍了许多动物、植物和矿物，尤其对鸟类的种类与习性描写得特别详细。达尔文读了这本书以后，学会了如何观察鸟类，并把观察的结果一一记录下来。

《世界的奇妙》描写世界上许多遥远国家中的奇妙事情。有一天，达尔文的同学带着这本书来学校，达尔文看他在上课时，还偷偷地把书放在大腿上，津津有味地读着，便对它产生好奇心。

“什么书这么让你入迷？借我看看，好不好？”一下课，达尔文马上对那位同学说。

那位同学慷慨地答应了，达尔文把书借回家，反复读了好几遍，甚至每天和那位同学互相讨论书中内容的真假。

“啊！如果能坐船到世界各地去旅行，那该有多好！”达尔文第一次兴起了环游世界的欲望。

达尔文还是个很实在的孩子。他在班上认识了一位名叫加涅的同学。加涅很喜欢恶作剧，达尔文总是跟在他后面到处跑。当时，达尔文极其天真，很容易相信别人的话。

有一天，加涅带着达尔文走进一家饼干店。

“这些给你！”加涅抓了一把饼干给达尔文，自己也抓了一把，就拉着达尔文走出来。

“你拿饼干，为什么不用给钱呢？”达尔文很好奇地问他。

“这是一个秘密，你不可以告诉别人哦！我有一个富翁叔叔，他在这里的每一间店里都存了许多钱，并关照所有的商店，只要我转动头上的这顶帽子，就可以拿到我想要的东西。”

说完，加涅又带着达尔文走进一家糖果店，同样转动一下帽子，然后抓起一把糖果，糖果店的老板吭都不吭一声，并且面带笑容地目送他们出来。

走出店铺后，加涅对达尔文说："前面那一家面包店有新出炉的饼干，我把帽子借给你，你只要转动一下帽子，要什么就可以拿什么。"

达尔文很感激加涅的慷慨，于是，他拿过那顶帽子，大大方方地走进面包店。

达尔文有模有样地学着加涅的动作，他先转动一下帽子，然后说："我想要麦片饼干。"

说完，达尔文抓起一大把饼干，然后大摇大摆地走出面包店。

"抓贼啊！"面包店的老板大吼一声，拿着棍子从背后追过来。

达尔文大吃一惊，连忙丢下饼干，撒腿就跑，使得在一旁看热闹的加涅笑得直不起腰来。

一会儿，加涅追上达尔文，拍拍他的肩膀说："你实在太老实了，那顶帽子根本没有用处，那些店铺老板因为和我爸爸很熟，所以让我赊账，你呀！要学聪明点。"

舅舅乔赛亚的影响

1824年夏天，16岁的达尔文得到了舅舅邀请他去梅庄过暑假的消息。他听后立刻心花怒放，恨不得长上翅膀立刻就飞去。

梅庄是舅舅乔赛亚·韦奇伍德漂亮的庄园，坐落在特伦特河畔斯托克以南大约六公里的地方，距离施鲁斯伯里大约有二十公里。虽然乔赛亚曾经反对过苏珊娜和达尔文医生的婚事，但是后来乔赛亚和妹夫达尔文医生却相处得很好。

达尔文医生和苏珊娜在结婚以后的头十年中，常常坐着马车到梅庄去，有时候带着大女儿玛丽安妮和二女儿卡罗琳一同去。

苏珊娜给娘家哥哥的孩子当教母，她哥哥给她的三女儿当教父。每逢圣诞节，两家总要互相赠送礼物，从梅庄送来的礼物总是非常贵重的。姑娘们过生日的时候，舅舅乔赛亚家也总要送些可以给姑娘们留作“嫁妆”的漂亮而实用的礼物来。

达尔文很小的时候就听父亲说过，有个很有钱、很有学问的舅舅。妈妈也对他说过，外祖父曾经受到乔治三世的王后夏洛特的接见，因为王后十分赞赏外祖父的享有盛名的奶油色瓷器，外祖父后来就把这种瓷器称作“王后瓷器”了。

这个故事给达尔文留下了深刻的印象。在很长一段时间里，他一直天真地以为外祖父如果不是公爵，至少也是男爵。所以，他上施鲁斯伯里小学的时候，对一些同学夸耀说，过去，他的外祖父是王后的“知己朋友”。

但是，达尔文出生以后，他妈妈苏珊娜的身体状况越来越差。妈妈去世前，也从没有带他到舅舅家去过。直到苏珊娜死后两年，即

1819年，达尔文已经10岁了，才第一次随着父亲去看望舅舅乔赛亚一家。

乔赛亚的妻子伊丽莎白一共生了9个孩子，除去玛丽·安妮夭折了，其余8个是四男四女，都比达尔文大。

达尔文的大表姐萨拉已经26岁，外表就像一个少妇。她很喜欢漂亮的达尔文。后来听说她曾经讲过这样的话，要是她有儿子的话，就希望儿子“像亲爱的表弟一样漂亮”。另外3个表姐对达尔文也很亲热，但是，最吸引他的却是最小的那个表姐埃玛。

埃玛非常聪明美丽，乔赛亚夫妇把她当作掌上明珠，特别宠爱她。

埃玛比达尔文大10个月，由于身材娇小，达尔文觉得埃玛好像比他小多了。这对小天使第一次见面就互相吸引着，开始了天真、纯洁、珍贵的友谊。

达尔文在第一次去梅庄后的5年当中，又去过那里好多次。有时他和父亲一起去，有时和姐姐们一起去，和卡罗琳一同去的次数最多；卡罗琳和乔赛亚的二儿子亨利已经有了深厚的感情。亲友们都认为，他们两个很快就会正式订婚的。

暑假终于来到了，达尔文又来到了梅庄。

梅庄的自然环境比施鲁斯伯里更加美好。那茂密的树林和广阔的草地，对打算多搜集一些植物和昆虫标本的达尔文来说，真是个求之不得的好地方。

达尔文在这里可以找到多种飞蛾和别的昆虫。

丰富的地衣和苔藓也给达尔文提供了另一个广阔的研究领域，各种各样的真菌也引起了他的浓厚兴趣。

许多年以后，当他的进化思想开始形成的时候，他曾经长时间地苦苦思索真菌在植物进化中所占据的位置，设想它们会不会是动物和植物之间的中间环节，但是后来他放弃了这种想法。

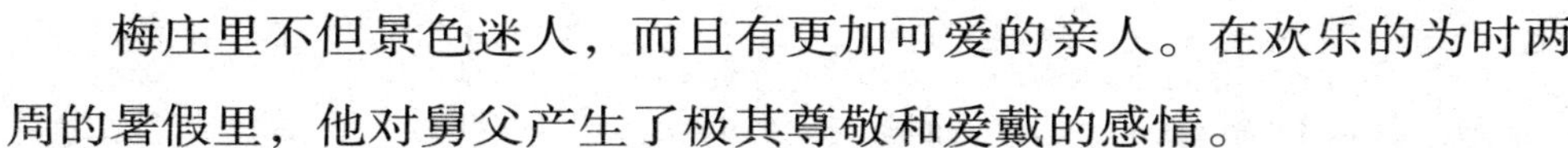

梅庄里不但景色迷人，而且有更加可爱的亲人。在欢乐的为时两周的暑假里，他对舅父产生了极其尊敬和爱戴的感情。

那时，乔赛亚 50 多岁，沉默寡言，对谁都很冷淡，甚至家里人都要鼓足勇气才敢和他说话。姑娘们如果想求他点什么事都不得不通过母亲来传达自己的想法，而她也得要等到有合适的时机才能向丈夫开口。

乔赛亚很满意自己同一些杰出的文学家、科学家建立的友谊。这些人也都乐于到梅庄来小住几天。可是，乔赛亚接待他们却很随便，只是在用餐的时候才陪着客人。

维多利亚时代的著名作家西德尼·史密斯到梅庄去过几次。他在谈到东道主的时候说：

“乔赛亚是一个出众的人，遗憾的是他对朋友冷淡。”

但是，乔赛亚对外甥达尔文一开始就有好感，因此对待他要比待别人热情得多。他是达尔文长辈中第一个真正理解和进一步培养达尔文对博物学爱好的人。他自己对这门科学也有浓厚兴趣，在他藏书丰富的图书馆里，藏有许多卷关于自然界奇迹的书籍，其中就包括怀特的《赛尔波恩》。

在达尔文 16 岁生日那天，乔赛亚送给他一本精装的《赛尔波恩》。他喜欢得不知说什么才好，成天如饥似渴地阅读着，晚上睡觉前坐在床上还要看几页，有时竟然抱着这部书不知不觉地进入了梦乡。

乔赛亚还不忘鼓励达尔文把他所观察到的一切有价值的细节都记录下来。那时，达尔文对自己搜集的标本已经做了一些简单的记录，有时候还用铅笔画出简单的图形，可是他的舅舅要他做得更细致些，更全面些。

“只做摘记是不够的，”乔赛亚对达尔文说，“把你自己当作一个画家，但是要使用文字来描绘，而不要用线条和颜色。当你描述一种花、一种蝴蝶、一种苔藓的时候，你必须使别人能够根据你的描述立刻辨认出这种东西来。为了搞好科学研究，你必须进一步提高你的文字表达能力，要像莎士比亚那样用文字描绘世界，叙述历史，打动人心。”

达尔文虚心地接受了舅舅的建议，为了提高自己的语文水平，他总是想方设法丰富自己的词汇。他开始重读一些英国作家和诗人的作品。他阅读了《莎士比亚全集》、新出版的《莎士比亚戏剧故事集》。

当然，最使他陶醉的还是弥尔顿和雪莱的那些境界高尚、热情奔放的诗篇。另外，他仍旧随身带着那本薄薄的《十四行诗选》，那本皮封面的诗集他从12岁起就开始带在身边，他会经常阅读，几乎每一首都已经背得滚瓜烂熟。达尔文在晚年回忆的时候写道：

> 我极尊敬乔赛亚舅舅。他虽然沉默寡言，显得是一个很严肃的人，可是他有时候也同我海阔天空，无所不谈。他是一个是非极其分明的最典型的正直人。我不相信世界上会有什么力量可以使他跨出他所认定的正确轨道一步。我常常在心里用贺拉斯的颂歌中的名句来形容他，这些诗句现在已经记不起来了，还记得一句是：“暴君的凶恶面目……”

这首诗的全文是：

> 群众的盲目热情，
> 暴君的凶恶面目，
> 亚得里亚海的狂风巨浪，
> 宙斯手中的迅雷闪电，
> 都不能动摇追求真理、意志坚定的人。

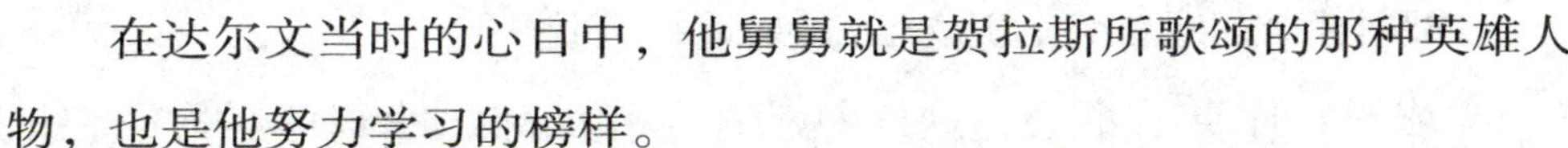

在达尔文当时的心目中，他舅舅就是贺拉斯所歌颂的那种英雄人物，也是他努力学习的榜样。

在舅舅家里，品貌双全的埃玛也同样吸引着达尔文。

在两个星期的假期里，达尔文的大部分时间是和埃玛一起度过的。白天，埃玛陪他在乔赛亚书房里看书，或者到河边去钓鱼，或者到树林里去寻找标本。

当时，埃玛在父亲的影响下，对弥尔顿的诗歌产生了浓厚的兴趣，弥尔顿成了她最喜爱的诗人。

这可真是非常幸运的巧合，讨论弥尔顿的《十四行诗选》，在他们友谊的发展中起到了重要的作用。

一天，埃玛陪达尔文在树林中散步的时候问他：

“在弥尔顿的《十四行诗选》中，你最喜欢哪一首？”

“弥尔顿的十九首十四行诗都写得非常精彩，我都喜欢，”达尔文回答说，“他的每一首短诗都体现了他的崇高的思想、伟大的人格和不朽的艺术。这些短诗和《失乐园》《复乐园》《力士参孙》等几部长诗一样，将永远受到人们的热爱。”

“我完全同意你的见解，”埃玛兴奋地说，“朗加纳斯在《论崇高》中说：‘崇高就是伟大心灵的回声……思想深沉的人，言语就会明白流畅；卓越的语言，自然属于卓越的心灵。’我爸爸认为，弥尔顿的心灵是卓越、纯洁、伟大的。弥尔顿为我国人民英勇奋斗了一生，双目失明以后还坚持创作和战斗。他的整个生活道路就是一首感人肺腑的诗篇。”埃玛说到这里停了一下。

此时此刻，这位青春焕发的美丽姑娘完全沉浸在对伟大作家的崇敬之中。更确切地说，她内心交织着对伟人的尊敬和对表弟的热爱，而且她期望达尔文表弟成为一个令人敬仰的伟大人物。她用深情而爱慕的目光瞟了达尔文一眼，接着背诵了弥尔顿的一首诗：《赠西里克·斯金纳》。

埃玛刚背完这首诗，达尔文高兴地接着说：

“埃玛，你真了不起，这样熟悉弥尔顿的诗，我真佩服你的记忆力。我过去以为你只会弹钢琴，现在才知道你还是一个优秀的诗歌朗诵者。”

“在父亲的指点下，我刚开始阅读了一些弥尔顿的作品和传记，”埃玛微笑着说，“他的伟大的精神，使我无比佩服；他的作品永远是我们青年人的良师益友。”

达尔文兴奋地说：

“我完全同意你的看法。我记得弥尔顿在《为英国人民申辩》中说过：‘在我们事业还处在风雨飘摇的时候，我从来没有意志消沉的表现，而当我受到恶毒攻击，甚至面临死亡的关头，也没有畏缩不前。’他的行动比他的言论更好，他可歌可泣的一生，永远是我们青年人的榜样。”

埃玛看到达尔文的神态，忍不住地笑着说：

“瞧，站在我面前的人，很可能今后就是一位可歌可泣的伟人。”

“埃玛，你真会开玩笑，”达尔文想到父亲和老师都说自己是个平庸的孩子，将来一事无成，不由得满面通红。

接着，他把父亲新的决定告诉了埃玛。他说：

“如果我按照父亲的意愿去爱丁堡学医，今后很可能一事无成。”

埃玛非常同情达尔文的处境，可是她也想不出什么办法来改变姑父的决定。她想来想去，最后对达尔文说：

“查尔斯，我爸爸一向支持你，不过他是个十分严厉的人，尽管他很疼爱我，可是不知道为什么，我一见到他总是感到害怕。你敢去征求我爸爸的意见吗？”

暑假一天天地过去了，在假期最后一天的晚上，达尔文鼓足勇气和舅舅谈起了选择职业的问题。

“舅舅，爸爸一定要我去爱丁堡大学学医，可是我对医学就是不感兴趣，”达尔文把自己的矛盾心情告诉了乔赛亚舅舅，“如果我不听爸爸的话，他就会生气。我妈妈去世以后，他老得很快，而且脾气也变坏了，我实在不愿做使他生气的事。”

“嗯，我知道你想研究博物学，”乔赛亚合上手里的《弥尔顿诗集》，用少有的温和态度对达尔文说，“不过，爱丁堡医科大学也开有生物学和生理学两门课，我认为你应该按照你父亲的意见去爱丁堡大学学习，学好了这两门功课，对你将来做个博物学工作者是很有用的。”

达尔文在经过了舅舅的一番劝说后，终于放下了思想包袱。决定回家以后按照父亲的意见，提前离开施鲁斯伯里中学，到爱丁堡大学去学医，开始他的大学生活。

不满大学的授课安排

1825 年 10 月，罗伯特·瓦尔宁·达尔文医生把达尔文送到了苏格兰的爱丁堡大学学习。

达尔文在还没进爱丁堡大学以前的夏天，就已经在故乡护理了许多穷苦的病人，主要是儿童和妇女。

病人多时，他甚至一次同时护理 12 名病人。达尔文的这些表现，让他父亲感到达尔文将来一定会成为一名不错的医生，于是，父亲就把他送到了哥哥伊拉司马斯就读的爱丁堡大学。

达尔文到爱丁堡后，租了一所有三个房间的住所：两个明亮的房间做他和哥哥的卧室，另一间做客厅。

达尔文办完了一切入学手续，报了如下一些课程：医学、化学、解剖学、临床课和外科学；他领了皇家医院实习证和大学图书证，后来他就成了图书馆的常客。

但大学的授课情况却使达尔文大为失望，他认为几乎所有的课都是极其枯燥的。达尔文对讲授医学课的老师常提出特别激烈的批评。枯燥乏味的讲授，简直使人难以忍受。

达尔文在自传里写道："一想起在冬季早晨 8 时开始的脑膜治疗课，至今还有些可怕。"在爱丁堡大学里，唯一使他感兴趣的，就是霍普的化学课。

由于讲授人体解剖学的教师讲得单调乏味，使达尔文对这门课程十分厌恶，达尔文曾说："他讲授的人体解剖，同他本人一样，也是枯燥无味的，因此这一门课程使我感到厌恶。"

达尔文本来对医学毫无兴趣，更要命的是，他天性脆弱，不敢面

对手术台上的淋漓鲜血。

当时，去医院实习是学生们经常上的课程，有两次在爱丁堡医院手术中实习时，达尔文亲眼看到了糟糕的手术场面：鲜血淋漓的病人，尖厉、痛苦的号叫；满头大汗的医生，繁忙、紧张的操作。站在旁边实习的达尔文实在难受得待不住了，急忙离开了手术室。

在达尔文生活的时代，离病人能利用哥罗芳麻醉剂减轻痛苦的日子还远得很。那惨痛的情景，多少年后还一直在达尔文的记忆中浮现。

由于课堂学习的乏味，达尔文的目光移向了学校的图书馆。在这知识的海洋里，达尔文贪婪地吮吸着感兴趣的各种知识，他跑图书馆借书的次数是同学中最多的。

一年过去了，达尔文的哥哥从爱丁堡大学毕业了。和相伴相依的哥哥分别后，17 岁的达尔文就过着无人管束的生活。

在大学的第二年，达尔文又报了产科学、物理实验和自然史这三门课。

对于其中的自然史这门课，达尔文很早就产生了兴趣。

当时在爱丁堡大学讲授自然史的教授是罗伯特·詹姆逊。他的这门专业课包括动物学和地质学。他主要研究矿物学、海洋动物学和鸟类。

罗伯特·詹姆逊教授的功绩还在于，他在大学里建立了一个非常好的自然史博物馆，馆内陈列有极好的搜集品，这个博物馆当时被认为是英国第二个博物馆，仅次于伦敦博物馆。

达尔文很少研究医学，很少上必修课，但这并不意味着他对自然科学已失去了兴趣。

相反，达尔文找到了一种满足自己需要的方法。这就是常常到罗伯特·詹姆逊的博物馆去，并同在那里工作的几位爱好自然科学的青年交上了朋友。

广交志同道合的朋友

在达尔文的朋友中，有一个是魏尔纳派地质学家，叫恩斯瓦斯。恩斯瓦斯能说会道，对很多问题都懂得一些，但他还是学识肤浅。

另一位朋友医学博士科尔斯屈里姆则与恩斯瓦斯性格完全不同。科尔斯屈里姆笃信宗教，对人彬彬有礼，十分善良，一本正经。他对海洋生物学很有研究，后来还发表过几篇优秀的动物学论文。

达尔文还有一位比他大十多岁的朋友格兰特，他也是医学博士。他在各个方面都显得很有主见，更具有活动能力。他在无脊椎动物学方面进行了大量研究。他曾考察了苏格兰和爱尔兰海岸，在爱丁堡附近的福斯湾海岸上对海绵动物做了大量的观察，专门研究海洋无脊椎动物。

达尔文经常同这位精力充沛的年轻的博物学家去游览，帮助他在落潮后的水坑里搜集动物，而他自己也尽力去研究如何对这些动物进行解剖。

达尔文曾在笔记中写道，他在福斯湾发现了一种特殊的“海雀鱼”，并与格兰特博士一起对这种鱼做了解剖。他们对鱼的内部器官，包括心脏和心瓣几乎进行了全面的研究。

达尔文发现，格兰特表面上看起来显得冷淡和拘谨，但内心却极其热情。这个人对人态度冷淡而且刻板，不是相知，定会感到很难打交道。但是在这种外表下，却包含着火一样的热情。

有一次格兰特在同达尔文一起散步时，忽然热情奔放，竭力赞扬拉马克及其进化观点。他说：

“我认为，这是到现在为止，关于生物进化的最重要的一部著作，

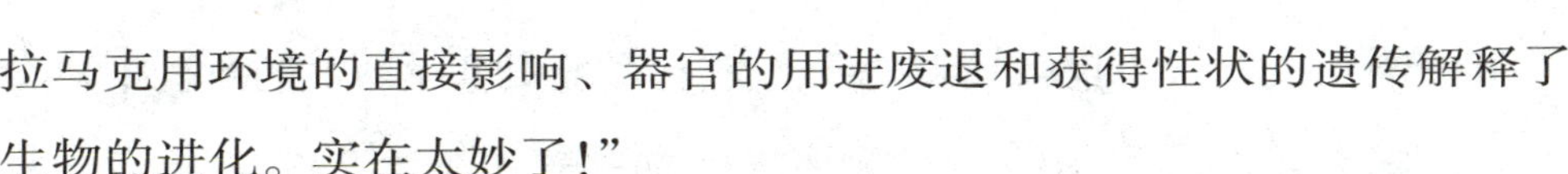

拉马克用环境的直接影响、器官的用进废退和获得性状的遗传解释了生物的进化。实在太妙了！”

达尔文听了，十分惊讶。

其实，达尔文的惊讶倒不是格兰特所赞扬的进化观点，因为达尔文早就读过类似观点的他祖父著的《生物规律学》，以及其他人的进化观点和对进化观点的赞扬，而是格兰特谈起这些，那眉飞色舞的神态与平时的刻板冷淡，让达尔文觉得简直判若两人。

这一年里，达尔文主要研究了某些软体动物的产卵情况和软体动物的幼虫，并简要地了解了珊瑚虫和海鳃。

达尔文同另一位同学科利茨特里姆一起观察过一条鱼往圆盘和桡骨基之间特殊分泌囊里产卵的情况。笔记本中保存有几份动物统计表，显然他是把这些统计表放在笔记本内，旅行时随身带着的。

动物统计表一份是统计福斯湾和苏格兰及其他地区的蠕虫的，另一份是统计在上述地区所找到的各种鱼类的，还有两份是用以详细说明从各产地捕获来的鸟类的。

对研究水生生物的共同兴趣，把达尔文、格兰特、科利茨特里姆三个人紧紧地联系在一起。

他们经常到潮水退落的海边去采集海生动物标本，并且和纽黑文

一带的渔民交上了朋友，有时候还登上渔船帮助他们捕捞鱼虾和牡蛎。惊险有趣的海上生活，不断增加的动物标本，不但把达尔文一年来在爱丁堡大学的忧愁和烦恼一扫而光，而且使他童年时代对生物学的热情复活了。

达尔文虽然比格兰特小得多，可是采集标本却不甘落后，在那架简陋的显微镜下观察微生物也很认真。达尔文在解剖海蚌的时候，开始认识到自己由于害怕解剖人体而没有认真学习解剖学是不对的。

在这个时期，达尔文还向一个黑人学习制作鸟类标本，这个人曾同鸟类学家沃捷尔通一起工作过。这些都加深了达尔文对鸟类研究的兴趣。

达尔文在同学中又结交了许多像自己一样热爱自然科学的新朋友。他积极参加普利尼自然史学会的工作，拉近了他与这些朋友们的距离。他几乎每场必到地参加该学会的会议，不止一次地在辩论时发言，其中有一次他就自然分类问题和种类特征问题发了言。

达尔文最喜欢的还是打猎，他经常到舅舅乔赛亚的庄园或到奥温先生的武德高兹去打猎。有时达尔文也会去梅庄的舅舅乔赛亚那里和亲戚朋友们一起聚会。

对达尔文来说，舅舅乔赛亚这里是非常诱人的。一幢古式的房屋坐落在小湖岸边，亲戚朋友们经常聚集在这里。青年们组织游玩、演戏。

当时撰写了《英国革命史》的哲学家和历史学家詹姆斯·梅金托什也到这里来做客，他经常举办的那些有趣的座谈使达尔文很难忘怀。

有一次，达尔文问他：

"尊敬的梅金托什先生，您是一位著名的哲学家。我想请教您一个问题：什么是哲学？它的任务是什么？"

"你这个问题要写一本厚厚的书才能讲得清楚。" 62 岁的梅金托什为难地回答。

"不能用几句话来概括吗？" 达尔文双眼闪耀着求知的火焰。

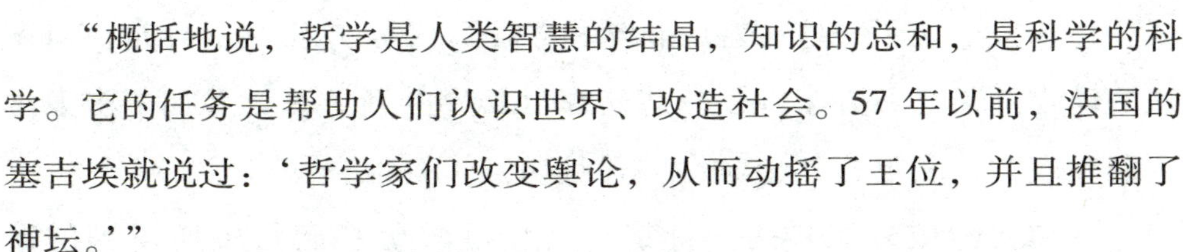

“概括地说，哲学是人类智慧的结晶，知识的总和，是科学的科学。它的任务是帮助人们认识世界、改造社会。57 年以前，法国的塞吉埃就说过：‘哲学家们改变舆论，从而动摇了王位，并且推翻了神坛。’”

达尔文勤学好问，他从哲学、历史、政治、道德等方面向梅金托什提出了一系列的问题。这位哲学家谈兴正浓，越谈越起劲。达尔文全神贯注地聆听着，打心眼里钦佩这位哲学家的知识、勇气和智慧。

梅金托什凭着他哲学家的眼光，在短暂的接触中发现达尔文和一般人大不相同，他求知欲相当旺盛，提出的问题富有哲学意味，而且总是虚心地多听别人讲，自己却从不夸夸其谈。因此，梅金托什说：“在那个青年身上有一些东西使我感兴趣。”

后来，达尔文在自传里回忆说：

> 听到伟大人物的赞赏，虽然无疑地容易或者一定可以引起虚荣心，但是我想这对于青年人还是有好处的，因为可以帮助他们循着正确的道路前进。

达尔文一生中能够沿着正确的道路不断前进，同他善于从每一个所遇见的优秀学者身上吸取思想养料是分不开的。

在乔赛亚这里，夏天，全家人和客人们常坐在柱廊的台阶上，面前是花坛和小湖，对面那陡峭的、树木繁多的湖岸倒映在一平如镜的湖面上。

达尔文十分喜爱和尊重舅舅乔赛亚。他十分喜欢舅舅乔赛亚那清晰的头脑和坦率的性格。

尽管大学的必修课程对达尔文来说仍然是呆板枯燥的，但他那早在童年时代就表现出来的对自然科学的兴趣，却得到了进一步的培养和发展。

达尔文结交了一些年轻的自然科学家，考察并研究了分布在海岸边的动物群，学习并掌握了一些研究自然界的新方法，参加了由大学生们组成的普利尼自然史学会，并且访问了其他一些自然史学会。

达尔文的校外兴趣——打猎，以及在游玩和旅行中所得到的锻炼，为他成为一个野外博物学家打下了基础。

这一年的暑假使达尔文感到特别甜蜜和难忘的另一个重要原因，是有比较多的时间和他的小表姐埃玛在一起。

每天打猎回来，吃完晚饭，达尔文只是坐在埃玛旁边的椅子上，手里拿着一杯红色的葡萄酒，欣赏着埃玛弹奏巴赫、韩德尔、莫扎特、贝多芬的作品。

当埃玛弹奏贝多芬的《英雄》《命运》《热情》等乐曲的时候，达尔文简直如醉如痴，完全沉浸在贝多芬用音符所表达的激情和理想之中了。

埃玛已经19岁了。由于她出身名门、才貌双全，远近的豪门子弟都争着向她求婚。那些家财万贯、头脑简单的求婚者把她当作女神和皇后来崇拜。

他们颂扬她是希腊神话中爱和美的女神阿弗洛狄忒、智慧女神雅典娜、主神宙斯和仙女勒达的女儿海伦以及中古时期法国的美貌才女爱娄依沙。

埃玛断然拒绝了那些纨绔子弟的无聊追求，因为她深深地爱上了达尔文。每当达尔文坐在身边听她弹琴的时候，她总比平常更加高兴，神采飞扬，琴声也显得更加动听。

但是，每次埃玛弹完琴，达尔文像尊重表姐一样说几句客气话，就回房间休息去了，他好像没注意到埃玛的深情。

埃玛不明白达尔文内心的想法，陷入了一般少女常犯的初恋的不安和苦闷中，晚上久久不能入睡，想着她和达尔文的关系，联想起了他们家里举行的牛顿逝世100周年纪念会，梅金托什先生在会上讲的

关于牛顿和他表妹的恋爱悲剧：

牛顿有一位漂亮的表妹。青年时代，她常到牛顿家帮忙干活。他俩常到野外散步、谈心，感情很好。后来不知道是牛顿过分专心于自己的科学研究忘记了求婚，还是表妹嫌他太穷，反正是她另嫁别人了。牛顿终身未娶，晚年是在侄女（他异父同母的妹妹的女儿）照料下度过的。

埃玛想到这些，不由得产生了一个可怕的念头：达尔文和我会重演牛顿和他表妹的悲剧吗？

达尔文是怎样想的呢？他自己的学业没有完成，事业没有开始，还不能考虑婚姻问题。他想的是两年来自己在生物学上积累了一些有益的知识，也有一些小小的发现，但这仅仅是个开头。他正在制订新的计划，准备沿着这条道路继续走下去。

重新选择自己的专业

达尔文很喜欢狩猎，每到寒假住到舅舅乔赛亚家后，他就参与打猎活动。当时，他对打猎简直疯狂到极点，连睡觉时也要把枪放在枕头旁边，以便第二天一起床，就可以马上整装上路。

有一天，他和欧文及堂兄比尔少校一起到伍德豪斯的森林里去打猎。达尔文准备大展一番身手。

“砰!”每当达尔文开枪打落一只鸟时，欧文就抢着说：“这只不算，我也开枪了。”

“砰!”又一声。

但是，明明是达尔文射中的，比尔却在一旁大叫：“是我打的，是我打的。”

其他的猎人也一起笑着说：“对啊！还是比尔少校的功夫到家。”

达尔文百口难辩，他低头看看衣服上的扣子，那颗铜扣子上系着一条绳子，达尔文每打下一只鸟，就打一个结，整个早上，他开了20枪，绳子上却只有9个结，他觉得有点纳闷：“难道我的射击技术这么差?”

这时，欧文和比尔在一旁哈哈大笑说：“笨哪！我们两个根本没开枪，你对自己有点信心好不好？那些枪声还有那些掉下来的鸟都是属于你老兄的!”

达尔文知道自己被愚弄了，羞得满脸通红，也有点生气。一个早上共打了几只鸟，达尔文已经没办法详细记录了。

达尔文的父亲从女儿口中知道达尔文根本不喜欢当医生，急得直跺脚，指着达尔文大骂：“整天只知道打猎，你打算一辈子做狩猎师是不是?”

达尔文低着头不敢吭声。

父亲又说:“我看你去当牧师算了!”

达尔文要求父亲给他一段时间考虑，因为他对教会的事情了解不多，何况他一向对英国教会的信条抱着怀疑的态度。

达尔文的父亲答应了他的请求。

达尔文开始仔细地阅读《皮尔逊的信条论》，和其他几本有关神学的书籍。

当时，他一直告诉自己：既然，我对《圣经》上的一字一句都没有怀疑过，我想，英国国教的教义应该也是一种真理，我实在没有理由拒绝它。

达尔文为了慎重选择自己的专业，第二天骑马来到了梅庄，想请舅舅帮助拿主意。谁知道乔赛亚早已收到达尔文医生的恳求信，并且同意帮助说服达尔文到剑桥大学去学习神学。

“查尔斯，我不是劝你绝对信仰神学，为神学献出一生，”乔赛亚一手拿着书，一手做着手势，耐心地开导说，“我认为，神学作为一门学问，是可以研究的。你应该服从你父亲的决定。”

“说真的，我连英国国教的教规最多只能记得一半，”达尔文不好意思地用手挠了挠脑袋说，“如果改学神学，那么生物学，包括您教我的那些知识，不是全都要报废了吗?”

“学好神学，当上了牧师，你对生物学的爱好还是可以坚持下去的。”乔赛亚说。

为了进一步说服达尔文，他想用历史上那些著名人物的例子来开导他的外甥：“比如哥白尼、布鲁诺、康帕内拉、牛顿，还有现任剑桥大学教授塞奇威克都学习过、研究过神学，有的还担任过圣职。不过，我希望你像哥白尼、布鲁诺和康帕内拉那样，从神学走向科学；而不是像牛顿那样，从科学走向神学。”

达尔文听说哥白尼、布鲁诺、康帕内拉这些伟大人物都学过神学，而且从神学走向了科学，这一事实启发了他，心想自己也可以走这条路。

他的思想疙瘩解开了，决定接受父亲的安排，立刻突击补习拉丁文和希腊文，准备考剑桥大学的基督学院。

但是，想要当牧师，就必须拿到大学的文凭，不幸的是，离开别特列尔博士的学校以后，他就不曾翻过任何一本古典书籍，甚至在爱丁堡所学的也都忘得一干二净，连一些简单的希腊字母也记不起来了。因此，他不像其他的新生一样，10 月份一开始就去剑桥大学报到。

达尔文留在家乡和家庭老师学习，直到圣诞节过后，他才赶到剑桥大学。

刚进入剑桥大学不久，他就赶上进度，能够翻译一些简单的希腊书籍、荷马的史诗及希腊语的《圣经》。

达尔文虽然从小热爱文学和科学，对神学没有多大兴趣，但是他毕竟还是个阅历不深的青年和知识不多的学生，也是唯父命是从的“孝子”，加上无孔不入的神学势力的影响，他表示要相信英格兰教会的全部教义，一度还有做个乡村牧师的想法。

他曾经被佩利和皮尔逊的诡辩所迷惑，“毫无根据地加以信仰”，“一点也不怀疑《圣经》上每一个字表示的严格的、准确的真理”。由于他有很大的兴趣，努力学习，掌握了佩利等人著作的全部内容，因此在神学的考试中成绩优良，名列前茅。这个经历，不但给他以后的科学道路增加了困难，也是他不能成为彻底的唯物论者和无神论者的原因之一。

“查尔斯正在按照我铺设的轨道前进。”达尔文医生为小儿子的学习成绩感到了极大的宽慰。可是，当他正在庆幸自己的“胜利”、等待小儿子稳拿牧师职位的时候，达尔文对神学已经不感兴趣了。

他感到逐字逐句地死背《四福音书》味同嚼蜡，他把《圣经》的内容同他从科学实验中得到的知识相比，觉得《圣经》是那样枯燥无味；他对圣母玛利亚的单性生殖和耶稣的种种奇迹产生了怀疑；他对那种一日三次、天天重复的祷告仪式越来越厌烦；他所敬仰的哥白尼、布鲁诺、伽利略在神学院里还在受到变相的诽谤和攻击，想到自己今后要是当了牧师也得这样干，不由得心惊肉跳。

于是，他把大部分时间用在阅读自然科学书籍和到野外采集标本的活动上，只有必修课才去听听。

搜集甲虫，是他在剑桥大学期间最热心、也认为是最有趣的工作。他在自传里有一段回忆，就足以表明他当时对于搜集甲虫是多么热心：

> 有一天，我剥去一些老树皮，看到两只罕见的甲虫，就一手一只捉住了。正在这个时候，我又瞧见第三只新种类的甲虫，我舍不得把它放走，于是我把右手的那只“砰”的一声放进嘴里。
>
> 哎呀！它排出一些极辛辣的液汁，烧痛了我的舌头，我不得不把这只甲虫吐出来，它就跑掉了，而第三只甲虫也没有捉到。

达尔文孜孜不倦地要弄清每只甲虫的名称，而且喜欢用他自己发明的一套命名方法。以后许多年，他一直都这样做。后来，人们为了表示对达尔文的尊敬，很多甲虫就用达尔文取的名字了。

长期的实践活动使年轻的达尔文越来越精明能干了。他用两种新方法来采集昆虫标本：一种是在冬季刮去老树上的附着物，另一种是采集船底下的附积物，得到了一些罕见的物种，并且受到了昆虫学家的重视。

昆虫学家詹姆斯·斯蒂芬斯还把它们收进《不列颠的昆虫图解》里去。达尔文在自传里说：

当诗人看到他的第一首诗被发表的时候，一定会感到欢欣鼓舞。当我在斯蒂芬斯的《不列颠的昆虫图解》里看到“查尔斯·达尔文先生采集”这几个魔术性的字的时候，我所感到的欢欣鼓舞要比那位诗人更大。

这绝不是一般的虚荣心。达尔文没有想到他的名字会像后来那样流芳百世，更没有想到把搜集标本作为谋生的手段，他只想用这个来向父亲证明：他的爱好并不是为了玩乐，而是一项有益的贡献，并且希望父亲允许他放弃神学，让他能够为自然科学的大厦增添砖瓦。

达尔文进入神学院以后，几次利用假期回家同父亲恳切地交谈，试图说服父亲允许他另选职业，放弃那讨厌的神学，但是都没有成功。达尔文医生的态度比过去更加固执了，他硬要达尔文继续学习下去。达尔文对此感到很烦恼和无奈。

剑桥大学也和爱丁堡大学及别特列尔博士的学校一样，在课程安排方面总是让达尔文不满意。

达尔文说：“为了那可怜的分数，我才勉强自己去上几堂古典文学的必修课，否则的话，我才懒得去学校呢！简直是浪费时间！”

进剑桥大学之前，达尔文曾想过要把数学搞通，甚至跑到巴马斯海水浴场去向一位教授请教，但是一直没有提高。

达尔文讨厌数学的主要原因是，他无法从初级代数中发现什么有意义的东西，因此，他放弃了数学。

后来，达尔文发现在数学方面下过功夫的同学，在处理问题时都很有条理，他很羡慕地说：“早知道，我就多花点心血，去理解数学的基本原理，可是，我怀疑自己能不能把它们搞清楚。”

积极探讨自然课题

达尔文还积极参加普利尼自然史学会的工作，这对他同这些朋友的接近起了很大的促进作用。

该学会是在詹姆逊教授的鼓励下于1823年创立的。学会会员们每星期二在爱丁堡大学的学院地下室里集会，宣读和讨论自然科学方面的著作。学会一共有150名会员，但是通常参加集会的只有25人。

学会秘书是格兰特。达尔文于1826年10月28日被选为学会委员，而在下一个星期选举负责人和理事会时，他又被选为学会理事会五人成员之一。这当然说明了他在同学当中是一个非常有名的自然史爱好者，一个对自然史感兴趣的人。

据保存下来的学会记录记载，达尔文在担任学会委员的几个月中，一共举行了19次会议，他只有一次缺席。每次开会在辩论时，他都积极发言。

1827年3月27日，达尔文在普利尼自然史学会上作了有关观察海洋生物的两项报告。这些发现都与观察海生动物有关。

首先，他在一种小群体的黏附在海生动物底部的苔藓动物所谓的“卵子”上发现有纤毛。当时人们一般都把“卵子”理解为早期发育阶段的胚胎。细胞学说是在12年以后才产生的，而要使人们彻底承认动物的性发育也是从一个细胞即“卵细胞”开始的，则还需要二三十年的时间。根据达尔文的发现，苔藓动物的“卵子”原来是一个周围布满了许多颤动纤毛的幼虫。

细胞学说认为，一切有机体都是由许多细胞或一个细胞构成的。因此，后来“卵子”的概念就缩小了，它只是关于这个单细胞阶段的概念。其次，达尔文发现被当作藻类植物发育阶段的黑色小球状体，实际上是一种卵胶囊或者是水蛭产卵的卵袋，这种水蛭经常停留在海底的那些平坦的斜坡上，靠捕食其他生物为生。

普利尼自然史学会听取了达尔文的报告后，建议他把自己的发现写成论文，并在下一次会议上用实物说明他所论述的问题。在下一次的会议上，达尔文展示了一个带有卵袋、卵子和幼虫的水蛭标本。他在笔记中用四页半的篇幅来论述这些发现。

格兰特比达尔文早三天在学会上作了关于这些发现的报告。看来他很关心自己这位年轻朋友的发现，于是他就在玻璃表蒙子里培养了一些卵子和幼虫，观察它们幼龄菌群的形成，因此他作的报告要更为详细，并且运用了一些图画和实验标本来加以说明。

格兰特还在《爱丁堡科学杂志》上刊登的一篇论文中论述了毛虫的卵袋，并提到了确定卵袋正是属于这种动物的，这种功劳应该属于达尔文先生，说达尔文“曾友好地把卵袋连同卵子在各个成熟阶段上所孵化出来的动物标本提供给我”。

达尔文同普利尼自然史学会主席团中的许多年轻人关系很密切，在这个前提下，格兰特为了帮助达尔文开阔视野，还带着达尔文参加了魏尔纳学会的一些其他会议。在这些会议上，达尔文听到了美国鸟类学家奥久邦关于北美鸟类习性的报告，学到了很多知识。

达尔文还经常参加皇家医学会和爱丁堡皇家学会的会议。爱丁堡皇家学会由英国浪漫主义时期的著名诗人和小说家华尔德·司格特担任主席。他在快乐的暑假期间，经常和朋友一起游玩，有时一天要走五十多公里的路，虽然有点累，但对达尔文后来的旅行探险是一个很好的锻炼。

和著名学者一起考察

达尔文在剑桥期间有了很大的收获。他充分地利用这段时间，结识了许多著名的博物学家，参观了各种有关自然史的机构。他当时最大的兴趣仍是搜集各种甲虫，并创造出搜集昆虫的有效办法：专门雇用一个人给他从树上刮苔藓，再把刮下来的苔藓装进一只口袋里，或者是把运芦苇的驳船船底上的垃圾扫在一起。通过这些方法，达尔文找到了一些罕见稀有的新品种。

剑桥大学除了必修课外，还开设了一些公共课。例如汉斯罗的植物课，达尔文常去听，他尤其喜欢汉斯罗清楚的叙述和美妙的图解。

汉斯罗有时会带着学生和同事们一块去徒步旅行，他们会乘车或坐船顺流而下去比较远的地方。汉斯罗常像孩子一样和他们逗乐，他对那些怎么也捉不住金凤蝶的人，或对那些陷足于沼泽地里拔不出脚来的人感到特别好笑。

有时候汉斯罗会在旅行途中停下来，即兴就一些比较罕见的植物或动物接连讲好几节课。他无论是对于植物还是动物或是化石的知识，都能够认真地教授给学生。

汉斯罗教授学识广博，对植物学、昆虫学、化学、矿物学和地质学都有深入的研究。早在达尔文进剑桥大学之前，达尔文的哥哥就告诉他，汉斯罗教授对各门学科无所不知，因此进入剑桥大学后，达尔文就一直想去找他。

每星期日，大学里爱好自然科学的大学生和几位年纪较大的教职员都要到汉斯罗家聚会一次。不久，达尔文通过福克斯的介绍，被邀请到汉斯罗家中做客，受到了汉斯罗的热情欢迎。

参加聚会的都是一些爱好自然科学的青年和年长的职员。他们有时静静思考问题，有时展开讨论。讨论的时候各抒己见，畅所欲言。当某个人发表了精辟见解的时候，大家都欢快地加以赞扬。大家为某个问题争论不休的时候，汉斯罗教授就站起来给予解答，他解答不了的问题就让大家再研究。

这种小型的学术聚会深深地吸引了达尔文。散会的时候他依依不舍地离开了汉斯罗的家，并且对福克斯说："我从来没有见过这样博学、热情、诚恳的老师，真是相见恨晚！"

达尔文自从认识了汉斯罗教授后，他对科学的热情再次迸发出来了！从此，他经常参加汉斯罗家里的每周聚会。这种聚会的性质和对他的影响，后来达尔文作了这样的描述：

> 汉斯罗教授每星期招待一次客人，很多爱好博物学的人都参加了他举行的交谊会，这样促进了人们的交往，在剑桥大学产生了良好的效果，如同一些科学团体在伦敦产生的效果一样。剑桥大学很多有名的人也偶尔参加那些交谊会；当到会人数不多的时候，我曾经倾听过当时的伟人们用很多方面的、极其卓越的才能谈论各种问题，获益不小。因为这些谈话可以启发青年人的思想，可以激发青年人的雄心。

通过这种聚会，达尔文又结识了三一学院院长、天文学家和哲学家休厄尔，教育学家理查德·道斯，动物学家詹宁士，《归纳科学史》的著者尤尔，还有其他一些知名人士，他们在会上的发言和会下的交谈对达尔文都有一定的影响。汉斯罗教授同他的友谊更是深厚。

汉斯罗经常邀请达尔文到他家共进晚餐。达尔文在剑桥大学生活的后半时期里，他们几乎每天都要在一起散步，以致学校里的几位老师谈论起达尔文来，就把他称作"那个常同汉斯罗一道散步的人"。

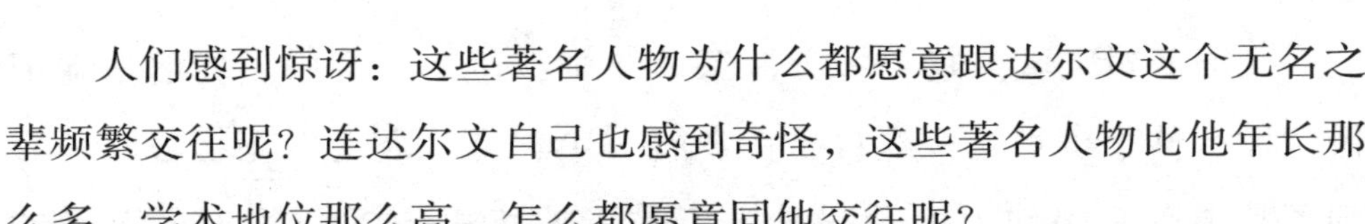

人们感到惊讶：这些著名人物为什么都愿意跟达尔文这个无名之辈频繁交往呢？连达尔文自己也感到奇怪，这些著名人物比他年长那么多，学术地位那么高，怎么都愿意同他交往呢？

他想：在我身上或许有某些比普通青年优秀的地方吧！不，我没有什么优秀的地方！汉斯罗教授和休厄尔博士曾经说我非常好学，不夸夸其谈，观察事物敏锐，搜集标本勤快……啊，这是他们对我的鼓励和鞭策。虽然我从很小的时候起就有一种强烈的要求，想去理解或者解释我所观察到的事物——就是想把所有的事实综合在一般的法则之下，可是我所做的距离这种要求太远了。

汉斯罗教授看到达尔文虚怀若谷，更加喜欢他了。不久，达尔文选修了汉斯罗教授的植物学课，汉斯罗教授每星期都要带着他和几个学生去近郊采集标本；每个学期还要长途步行到某种稀有植物的产地去采集标本，或者进行两三次旅行。

他们坐着驳船沿乌斯河顺流而下，到那些沼泽地去作野外调查；或者坐着邮车到乌斯河上游更远的地方去采摘野百合花，在荒地上捕捉那种稀有的黄条纹的蟾蜍。

汉斯罗教授把整个大自然当作课堂，把旅途中遇到的每一种新奇的动植物，每一块有特点的地层都当成教材，具体生动地向学生们传授知识。达尔文发现“他在植物学、昆虫学、化学、矿物学、地质学方面的知识是很丰富的”。

汉斯罗教授笃信宗教，而且信奉的是正教。他曾经对达尔文说过，如果英国国教的39条教规被改动一个字，他都要感到悲痛。

可是，当达尔文在科学和神学之间徘徊的时候，汉斯罗教授却在客观上把他引向了科学的道路。尤其是汉斯罗教授那广博的知识，冷静的头脑，杰出的判断能力，善于从长期不懈的细小观察中找出结论的方法，不但使达尔文佩服得五体投地，而且通过言传身教，对达尔文产生了深刻的影响。

汉斯罗对人的亲切关心，深深地铭刻在达尔文心中。他清楚地记得这样一件小事：有一次自己在观察一块潮湿地面上的花粉粒时，看到了其中有一些伸出了花粉管，于是迅速跑去向汉斯罗报告自己的发现。

换了任何一位植物学教授看到达尔文这种表现，可能都会忍不住要哈哈大笑的。

但是，汉斯罗却表示完全赞同达尔文的发现，说这种现象是极其有趣的，并且向达尔文解释了这种现象的意义，很亲切地让达尔文明白了，这是一种众所周知的现象。

这使达尔文离开时一点也不感到难堪，反而为自己发现了这样一件非同寻常的事而十分高兴。不过，此后达尔文再有什么发现，就不那样急急忙忙地去报告了。

在汉斯罗的影响下，达尔文开始研读地质学著作。他还实地考察了施鲁斯伯里周围几个地区的地层断面，并且用各种不同的颜色绘制了一张分层地质图。当汉斯罗听到地质学教授塞治威克打算到北威尔士去，继续他那关于古代岩石的著名地质学研究工作时，就请塞治威克带达尔文一起去。

这次考察旅行，对达尔文有很大的益处，因为它教会了达尔文怎样搞清楚一个地区的地质状况。

在大学时期，天文学家约翰·赫瑟尔的《自然哲学的初步研究》和亚历山大·洪堡的《美洲旅行记》这两本书曾对达尔文产生了重大的影响。

达尔文高度评价了亚历山大·洪堡的《美洲旅行记》和上面提到的赫瑟尔的那本书。《美洲旅行记》中那引人入胜的描述，深深地吸引了达尔文，他不仅津津有味地反复咀嚼，还大段大段地抄录下来。

达尔文对特内里夫岛的心驰神往已经到了痴迷的程度，他甚至还请人介绍去找伦敦的一个商人，向商人打听出国航行的船期消息。只是由于他后来参加了“贝格尔”舰的航行，这个计划才搁置下来。

有一天，汉斯罗教授邀请马默杜克·拉姆塞和理查德·道斯去乡村旅行，达尔文也应邀参加。当他们谈到世界著名探险家的时候，达尔文从怀里掏出日记本，向他的老师和朋友高声地朗诵了洪堡关于特内里夫岛的一大段描述，并且称赞说：“洪堡不愧是一个勇敢的旅行家，人类愚昧的征服者！”

汉斯罗教授紧接着达尔文的话说：“我记得伟大的诗人歌德曾经说过，洪堡像一个有许多龙头的喷泉，你只要把一个容器放在下面，随便一碰，那一边都会流出清澈的泉水来。可惜像洪堡这样的人太少了，到现在世界上还有许多没有探明的地方。”

拉姆塞先生指着自己的花白胡须对达尔文说：“像我这样老朽的人，已经是力不从心了。你年轻有为，希望你像洪堡那样，给人类提供更多的清澈泉水。”

“谢谢您的鼓励，拉姆塞先生！”达尔文激动地说，“我一定要到洪堡所描写的神话般的境界里去游历一次。我已经托人打听到那儿去的远洋船期。”

道斯先生开玩笑地说：“美国驻柏林大使在邀请洪堡出席的庆祝华盛顿诞辰的纪念会上，为乔治·华盛顿发表祝酒词以后，又为洪堡男爵发表了祝酒词，其中有一句是‘普通的君主连替这位科学之王解鞋带也不配’。现在看来，我们的达尔文将来游历回来，英国女王大概也不配替他解鞋带了。”

拉姆塞和道斯先生都哈哈大笑起来，弄得达尔文面红耳赤。可是，汉斯罗教授却在认真地分析达尔文的自然科学基础和野外工作能力。达尔文已经详尽地调查研究了剑桥和巴茅茨两个地区的甲虫区系，在鉴定物种方面显露出他的特殊才能。

从智慧和能力来说，他和周围那些热爱自然科学的青年比较起来，已经是个出类拔萃的人了。不过，在地质学方面，他还是个刚刚入门的青年。

想到这里，汉斯罗教授对达尔文说："查尔斯，我早知道你有探索新世界的理想和勇气。青年人应该有自己的理想和抱负，但是，探险活动不是游山玩水，它需要有广博的科学知识。我认为你至少在地质学方面还缺少训练。"

"汉斯罗教授，多亏您前些时候的介绍，我正在选修塞治威克教授的地质学课。"

"那只是课本上的知识，或者说，还是别人的经验，"汉斯罗教授对达尔文耐心地说，"我认为，你必须用野外的地质学考察来加深你的地质学知识。"

"这……"

汉斯罗教授也为难地用手挠了挠脑袋。他想了一阵说："有了，塞治威克教授今年夏季要到北威尔士去进行一次古岩层的地质考察。"

达尔文说："听说那将是一次具有特别重要意义的科学考察。塞治威克教授通常都和那些声望很高的地质学家一起去考察。我担心他不会允许我一起去的。"

"塞治威克教授是三一学会的会员，他是汉斯罗教授多年的知交，"道斯先生安慰达尔文说，"你又是汉斯罗教授的得意门生，还发什么愁啊！"

"好吧，查尔斯，你先做好准备，"汉斯罗教授说，"我负责推荐你去参加这次考察，争取能够受到一次地质学的实际训练。"

这次乡村旅行结束以后，达尔文立刻投入了地质考察的准备工作。一个人有了理想，看到了希望，将会产生多么巨大的动力啊！

达尔文在爱丁堡大学的时候，那里的地质科学水平很差，教授们又不好好教学，他们分为水成论和火成论两派，展开论战，甚至在课堂上互相进行盲目攻击，这种情形使达尔文非常气愤，决定"终生不再学习地质学”。

离塞治威克教授考察的时间越近，他的学习抓得越紧，如饥似渴地钻研着地质学。大约1831年7月，他在给汉斯罗教授的信里写道：

我本来早该写信给您，只是因为等测斜仪来给耽误了。我高兴地告诉您，我认为这个仪器是非常合用的。我把寝室里所有的桌子摆成种种可以设想的角度和方向，然后进行了测量，可以大胆地说，测量的准确程度和地质学者们所能做到的一样……我猜想第一次探险——使用测斜仪和锤子——回来，我的智慧会比出发的时候增加很少，但是我遇到的难题却会比出发的时候多得多。

直到现在，我只是沉溺在一些假说之中，但是它们很有价值。

达尔文对未来的事业已经充满了信心！

1831年夏天，塞治威克教授根据汉斯罗教授的推荐，同意带达尔文去北威尔士进行地质考察。他们从剑桥出发，向西经过施鲁斯伯里的时候，在达尔文家里住了一夜。

那天晚上，达尔文和塞治威克教授进行了亲切友好的谈话。教授把这次考察的任务、计划和方法都告诉了达尔文，同时也发现了达尔文是一个不平凡的青年，表示很乐意对他多加指导。

第二天早上，塞治威克地质考察队沿着塞文河上游河谷西行，走了两天以后，就直奔北面的坎布连山区。达尔文和塞治威克教授肩并肩地走在考察队的前头，教授总是给他讲解自己发现了什么新的问题，教他怎样选择岩石标本，怎样在地图上标出岩石的位置。

“教授，前天我在施鲁斯伯里考察一个古老的砾坑，有一个工人告诉我，他曾经在这个坑里找到了一个热带大涡螺的壳，”达尔文像报告喜讯一样地对塞治威克教授说，“可惜，他不肯出售。要不，我就给您买来了。”

“买来了也没有什么价值。这个涡螺壳一定是后人丢在那里的。”

“为什么?”

“如果真是埋藏在那里的话，那将是地质史上最大的不幸。因为英格兰中部各个州的砾层都是属干冰期的，”塞治威克教授说着就从地质背囊里拿出一个贝类化石来，“你看，我也在砾坑附近捡到过这种化石，可是，它是北极的贝类，不是热带的。”

“教授，过去我虽然读了各种科学书籍，但是不理解科学在于综合这个事实，所以只能从中得出一般的法则或者结论来。”

“这次考察就是要你慢慢地学会科学综合的方法，”塞治威克说，“搜集标本不是我们的最终目的，我们要根据标本综合出正确的结论。因此，要排除一些属于明显假象的标本，否则会影响我们对问题的分析。我们应该像考古学家一样，他们在原始社会的遗址中发现了金属用具，就能够判断出那是后人丢下的。”

他们分成两路，沿着平行路线前进。达尔文按照塞治威克教授教导的方法，采集了大量的岩石标本。

塞治威克教授一行到了卡那封郡的贾波·居利之后，达尔文为了试试自己的胆量和独立工作的能力离开了考察队，凭着指南针和地图，独自步行，穿越了荒无人烟的斯诺登山区，再次来到风景秀丽的巴茅茨，得到了一次独立进行地质考察的训练，为他后来的科学考察奠定了基础。

1831 年初，达尔文通过了毕业考试。

历险考察

无知者比有知者更自信。只有无知者才会自信地断言，科学永远不能解决任何问题。

—— 达尔文

为环球远航做准备

当达尔文走出大学校门的时候，英国正在走向“全胜时代”的前夜。英国由于对法战争的胜利，工商业在世界上取得了霸权地位；由于国内工业革命深入发展，运输技术有了巨大的进步，在世界上第一个进入了“蒸汽机时代”和“铁路时代”。

正处于上升期的英国资产阶级，为了进一步扩张势力和掠夺资源，派遣了一批又一批的舰船和探险队，到世界各地去进行科学考察和军事探险活动；为了弄清各地的自然资源，还吸收了一些自然科学家参加这些活动。

自然科学家们的辛勤劳动，在客观上为自然科学的发展积累了丰富的资料，有力地推动了地理学、地质学和生物学的发展。

1831 年 8 月，汉斯罗教授想推荐达尔文去参加一次环球旅行，于是给他去了一封信。他告诉达尔文说，政府要派一艘船前往南美洲最南端做地形调查，途中将访问周边的许多岛屿，然后经印度群岛返航。

达尔文在 8 月 23 日结束对北威尔士的考察回到家中。

9 月 1 日，他收到了汉斯罗教授的信。作为一个博物学家如果失去这个利用船上先进测量仪器的机会，将会很遗憾。达尔文非常想接受这个聘请。

于是他带着汉斯罗教授的信兴冲冲地去征求父亲的意见，希望能够得到他的同意。

可是，对达尔文的人生道路起着决定性作用的父亲，看了汉斯罗教授的信却直摇头。

达尔文耐心地等了一阵问父亲说：

“怎么样？爸爸。”

“我该把你怎么办呢？”达尔文医生叹了一口气说，“本来是为了培养你当牧师，才送你上剑桥大学，可是现在又蹦出来一个汉斯罗教授推荐你当博物学家，并且还要你到船上去工作。这对你将来做牧师是一件有损名誉的事情。”

“汉斯罗教授也是牧师，爸爸。”

“我认为你没有资格去，什么学位也没有得到过。你从前放弃了医学，现在又要放弃神学，连汉斯罗教授都说你还不够博物学家的资格，”达尔文医生看了一眼信又说，“他说你可以去考察和搜集一些东西，这并不等于说你受过专门教育。”

“爸爸，您再看看后面的话，”达尔文指着汉斯罗的信说，“希望你不要谦虚地怀疑或者害怕你不合乎条件，因为我可以肯定你正是他们所寻找的人。”

“咳，这只不过是你这个浪荡子的监护人和好朋友汉斯罗教授安慰你的话罢了！”达尔文医生武断地说，“我认为整个计划是不得体的，对你今后过安定的生活、对你当牧师是没有什么好处的。因此，你不应该去考虑他们的邀请。对不起，查尔斯，凡是有见识的人都不会同意你去参加航行的。”

“那要是我找到了一个有见识的人赞成我去，您怎么办呢？”

“有没有见识，得按我的看法为标准。”

“当然了，爸爸。”

“真有这样的人赞成你去，我可以重新考虑。”

达尔文想到，唯独舅舅乔赛亚能够改变父亲的看法，也许他会支持自己的。

于是第二天一早，达尔文去了舅舅家。当他把汉斯罗来信的建议和自己的想法向舅舅一家人说了时，舅舅一家都主张他接受邀请去旅行，不要错过了这个机会。

舅舅和他一起坐马车赶回施鲁斯伯里去同他父亲商谈，因为舅舅认为达尔文接受建议随“贝格尔”号出海航行是明智的行为。

在达尔文父亲的心目中，舅舅是世界上最有见识的人士之一，因此，达尔文的舅舅一开口，他父亲立刻就极其和蔼地表示同意达尔文去航海考察了。

得到了父亲的许可，第二天达尔文便离家前往剑桥大学去见汉斯罗。

达尔文同汉斯罗见面后得知，自己的一位名叫伍德的熟人，是费茨·罗伊的密友，伍德也向费茨·罗伊推荐过达尔文。但是费茨·罗伊表示不喜欢和达尔文一起工作。

这对达尔文来说，简直是当头一棒。他肯定这次旅行告吹了，但是他还是按原计划，来到了伦敦，并且抱着侥幸的心理去拜访了费茨·罗伊舰长。

费茨·罗伊热情地接待了他，为自己的话解释说，当时他希望他的朋友切斯捷尔先生能同他一道去。

就在达尔文来之前五分钟，他收到了切斯捷尔谢绝前往的通知。所以，这个位置还是空缺的，达尔文来填补这个空缺是再好不过了。

费茨·罗伊把自己的书籍和自己船舱里的用具及武器拿出来与达尔文共同使用，他还让达尔文同他一起用餐。他和达尔文开始讨论探险、航线，以及旅行目的等问题。

在费茨·罗伊这里，一切都很顺利。达尔文从他那里出来后，又来到了海军部，同水文地理学家博福尔特进行了讨论。

博福尔特告诉他，他已被编入了供粮名册，所以能领取和其他军官相同的费用。博福尔特还告诉他说，这次远航有希望经太平洋和印度洋返回。

达尔文对那位才 23 岁、矮个子、黑皮肤、长相不错的年轻舰长的第一印象很好。舰上的其他工作人员有：尉官两名，医生一名，军官十名，水手长一名，少年见习水手八名。此外，舰上还有一个专门看管仪表、天文钟和其他仪器的人，一名美术家和一名叫斯托克斯的绘图员，一名曾去过火地岛的传教士和三名火地岛人。

在汉斯罗的推荐下，达尔文请教了几位旅行家以便购买航海用具。达尔文在准备行装的同时，还抽时间学习了如何确定某一地方的经纬度。因为每逢举行国王加冕典礼仪式时，所有的店铺一律停业，所以他们的购买工作只得中断。

由于“贝格尔”号的起程日期一推再推，于是达尔文于9月22日回到了施鲁斯伯里，与父亲和姐妹们小聚。10月2日，他离开家，在伦敦购买东西为航行做准备。10月24日，他来到“贝格尔”号停泊地普利茅斯，等待起航。

达尔文在9月份曾去参观过“贝格尔”号，那时这艘船看上去让人难以相信能够进行环球旅行，它甚至没有桅杆。而现在，被重新改造后的“贝格尔”号军舰，布局更加合理，船体更加坚固，也更便于船员使用，无论是安全系数还是方便程度都大大提高了。

当达尔文在10月份再次来到普利茅斯时，船员们正在忙着给船首部分刷油漆和装修船舱。

达尔文很快就同这些军官水手打成了一片。他还同斯托克斯在普利茅斯近郊散了几次步，一起测量太阳的高度和研究如何使用磁性仪器。

有时会碰上讨厌的下雨天，一般在这种情况下，达尔文就待在家里读点书。在其他日子里，他有时同费茨·罗伊在一起，有时和水兵们一起用餐，或同他们在一起做一些观测，有时同博物学家们以及鱼类学家哈米尔顿·斯米特还有物理学家哈里森在一起。

勇敢顽强战胜巨浪

1831年12月27日，东风吹拂，阳光灿烂。“贝格尔”号起锚出海。克服了种种障碍和经历了苦苦等待后，环球航行终于开始了。“贝格尔”号以每小时十多公里的速度前进。

达尔文同斯托克斯合住一个船舱，这里光线很充足，除了舰长室外，可以说是最好的房间，只是有点狭窄。

绘图桌旁的那个狭窄的过道，就是达尔文工作和睡觉的唯一地方，那是刚够转身的一点儿空间。

斯托克斯在这张绘图桌的另一端绘图。达尔文的吊床就在绘图桌的上面，另一端的上面是斯托克斯的吊床。

面对这狭窄的空间，达尔文风趣地说：“一切东西都在身边，伸手就能拿到，真是太方便了！”

“不过，它要求我们养成整洁的习惯，达尔文先生。否则，我们转身都会感到困难的！”斯托克斯强调说。

航行的第二天，“贝格尔”号遇到了惊涛骇浪，从此，从未出过海的达尔文开始经受严峻的考验。一个浪头打来，船在波涛中一上一下地颠簸着。

达尔文头晕得厉害，吃下去的东西全吐出来了，胃痛得像被撕破了一样。好心的水兵劝他躺下休息，可是达尔文却拿了一张网，一步一摇地走到甲板上，把它挂在船尾下面，搜集大海里的小动物。船行了一段时间，网兜就满了。

把所有这些小动物拖到甲板上来，当然是有碍于甲板卫生的。这使负责管理船的清洁和美观的韦尔姆上尉大为不满。

他气恼地对达尔文说："如果我是舰长的话，我早就把你和你那堆使人讨厌的'垃圾'一起扔到海里去了，因为只有博物学家，才会把这些玩意儿看作宝贝，用心观察、分析和研究。"

舰长经常在大清早，用他那双老鹰似的锐眼搜查可以让他的嘴叨咕一上午的事情，如果不幸让他挑出了毛病，他就会像打雷一样，骂得那些船员狗血淋头！

舰长对达尔文虽然十分友善，但是，他们住在邻舱，彼此见面聊天的机会很多，有时难免会为了各执己见而大吵一顿。

有一次，他在甲板上乘凉时，对达尔文说："我曾经看见一个蓄奴的人，当着我的面，召来几个奴隶，问他们对目前的生活满不满意，如果不满意，可以自动离开，结果，那些奴隶都异口同声地说满意。"

他赞成蓄奴制度，而达尔文却很痛恨奴隶制度。他听完费茨·罗伊的话，就冷笑一声："你以为那几个奴隶在主人面前能表达心里真正的意思吗?"

舰长一听，马上暴跳如雷，指着达尔文的鼻子破口大骂："你敢怀疑我说的话，就不要跟我一起航行。"

达尔文默默地转过身，进舱房去收拾行李，他以为自己非下船不可了。

一会儿，舰长走进来向达尔文友好地道歉，请达尔文仍旧与他同行。

达尔文花了一整天来清理自己的捕获物。他在船里把这些动物制成标本，并用文字记录下来。他的胃实在痛极了，只能一面写，一面用左手使劲按着自己的腹部。

这时候，"贝格尔"号舰离开锡利群岛已经有100海里，掉头驶向变幻莫测的比斯开湾了。忽然天空开始阴沉下来，狂风骤起，海面上巨浪翻滚，"贝格尔"号舰剧烈地颠簸起来，达尔文渐渐觉得远方岛屿的轮廓在视野中模糊了，顿时感到天旋地转，再也站不住了，接着他就一个劲儿地呕吐起来。

有个水手担心地说："航行才开始不久……"

不等那个水手的话说完，达尔文坚定地回答说："放心吧，我一定会战胜……"说到这里，"哇——"地一声又吐开了。

大家急忙把他扶进舱房，让他躺在吊床上休息。达尔文看到水手们为他担心的样子，再次表示决心说："请放心吧，我这次航行绝不半途而废！否则，将来我在坟墓里也不会安息的！"

其实，他有时候也在怀疑自己能不能坚持到底。他在给父亲的第一封信里谈到晕船痛苦的时候说：

> 我真以为自己要死了。一阵阵的干呕太痛苦了，那滋味使我感到不是肠子就是胃撕裂了。

然而追求科学的美好理想构成了达尔文在整个航海期间思想的主旋律，这种理想始终在激励着他，使他充满坚强的信心，去战胜各种困难。

达尔文咬紧牙关忍受着吃不下、睡不着、晕眩、干呕的痛苦，减轻痛苦的唯一办法就是躺在吊床上看书。洪堡关于热带风景的描写，对于安慰他这个晕船人的心是最适合的了。

"贝格尔"号舰不停地向前行驶。

"达尔文先生，达尔文先生，舰长问您能不能到甲板上去一下？"一个水手跑进舱房来说。

"好，我马上就到！"达尔文说着，就起身向甲板上走去。

"您能站起来了，我很高兴，达尔文先生，"费茨·罗伊说，"听说您还没有吃东西，是吗？"

"没有什么，舰长，"达尔文回答说，"谢谢您托人给我送去了白

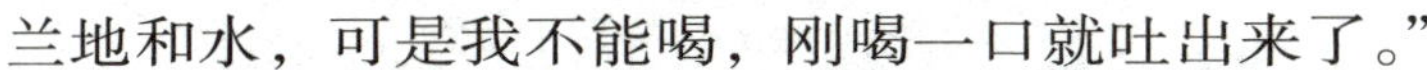

兰地和水，可是我不能喝，刚喝一口就吐出来了。”

“等到了南美洲海岸，您的胃口就会像海军上将一样了，”舰长一面说一面用手指着那堆灰尘，“您看这是什么？”

“啊，这是熔岩灰，可惜太少了，”达尔文捏起一小撮灰尘放在手心里说，“要是能够再多一些，就太好了。”

“前面的桅帆顶上落满了这种灰尘。我是早晨爬上去的时候看到的。”斯托克斯插嘴说。

“您能再爬上去给我多弄些下来吗？”

“当然可以！”斯托克斯抢着回答。

舰长说：“不行，只有为了完成比搜集熔岩灰更重要的任务，才能让我的军官冒这样大的风险去爬前桅杆。您想过没有，这样大的风，稍一疏忽人就完啦，达尔文先生。”

“那么，您能允许我自己爬上去吗？舰长。”

费茨·罗伊还在犹豫，达尔文已经向桅杆上爬去。水手们个个都为他捏一把汗，惊讶地仰望着他。

“斯托克斯，快点跟上去，马上他就需要帮助了，”舰长不放心地说，“达尔文先生，小心点。”

达尔文的行动，完全出乎舰长的意料。这时候，费茨·罗伊内心不得不承认，达尔文具备参加这次远航足够的信心和精力。

达尔文和斯托克斯很顺利地弄到了许多熔岩灰。舰长和他俩一道来到舱房。达尔文在显微镜下仔细寻找熔岩灰里的小生物。突然，他高兴地说：

“啊，找到了，舰长，您看，这熔岩灰里含有许多小生物呢!"

费茨·罗伊闭上一只眼睛，凑近已经对好镜头的显微镜，只见显微镜底下呈现出好几种形态各异的小生物。他用钦佩的眼光扫视了达尔文一下说：

"怪不得你那样不要命地爬到桅杆顶上去呢!"

舰长又问达尔文："在这一望无际的海洋上，怎么会有这种熔岩灰呢？为什么熔岩灰里还夹杂着这么多的小生物呢?"

"现在，我们在什么位置上？是靠近非洲还是南美洲？舰长。"

费茨·罗伊指着航海图说："我们现在的位置是在这儿，离非洲海岸近些。不过，最强烈的风是从南美洲吹过来的。"

"那就是说，熔岩灰是从南美洲吹过来的，"达尔文说，"可是这些小生物为什么不躲藏起来，甘愿让风把它们吹到这汪洋大海上来呢?"

"为什么？难道您在神学院里白学了几年?"费茨·罗伊扫兴地说，"上帝创造了风，想吹走什么就能吹走什么。别说这种小生物，就是决定我们'贝格尔'号舰命运的海神也得听从上帝指挥。如果激怒了上帝，我们的小舰也会翻的！达尔文先生。"

"这——"

"好好，好了！别谈这些了。很快就要到达佛得角群岛了。上岸以后，您会采集到大量的化石标本，还有什么植物，昆虫……"费茨·罗伊指着科文顿说："从现在起，让科文顿做你的仆人，如果他不反对的话。"

"要做的事情确实是很多的，不但采集标本费力，就是采集到了，还要对它们进行整理、编目录、贴标签，"达尔文不好意思地说，"不过，我自己做得了，舰长。"

"我愿意试一试，舰长，"科文顿很乐意地说，"我受过一点教育，做起事来也不那么笨手笨脚的，达尔文先生，您放心好了。"

“好了，就这么定了！”费茨·罗伊说，“科文顿，你去报告一下韦尔姆上尉，就说我调你到达尔文先生这里来工作了。”

从此，科文顿成了达尔文的专用仆人，不过他们并不是一般的主仆关系，达尔文耐心地教会了他使用猎枪和制作鸟类标本。

科文顿性格有些怪僻，达尔文一开始并不太喜欢他，后来感到科文顿的性格非常适合工作的需要，也就改变了对他的看法。在整个航海考察期间，科文顿一直是达尔文的忠实助手，为达尔文猎取鸟兽，制作标本，节省了达尔文不少时间。当然，科文顿也从达尔文那里学到很多东西。

“贝格尔”号舰乘风破浪地向佛得角群岛驶去。

在圣克鲁斯的发现

1832 年 1 月中旬的一个早晨，太阳从依稀可见的佛得角群岛后面喷薄而出。此刻微风轻拂，海面上泛起一道道耀眼的金光。“贝格尔”号舰正驶向这个群岛中的主岛——圣地亚哥岛。

达尔文躺在吊床上如饥似渴地阅读着英国著名的地质学家赖尔的著作《地质学原理》。这是汉斯罗教授在他出发之前推荐给达尔文的一本新作。

赖尔在这部著作中提出了地球缓慢变化的理论，指出地球变化的原因不是由于什么超自然的外力，而是由于自然界本身的力量。地球的变化正是由于风雨、温度、水流、潮汐、冰川、火山、地震等诸多因素，在漫长的时间里逐渐演变的。

他“试图用现在起作用的因素来说明地球表面过去的变化绝不可以和创世论相混淆”。这些观点是刚从神学院毕业的达尔文从来没有听说过的，他感到十分新奇。

可是汉斯罗教授一再叮嘱他不要接受赖尔书中的观点，因为汉斯罗教授当时是笃信居维叶“灾变论”的。居维叶和他的学生们认为，地球历史上曾经有过多次周期性的大灾变，每次突然的灾变都把地球上的生物全部灭绝了，以后又由上帝重新创造出和过去毫无联系的生物来。

究竟是赖尔的理论正确，还是居维叶的“灾变论”正确，达尔文一时也是难以抉择。

达尔文带着这个问题随着“贝格尔”号舰驶进了圣地亚哥岛的

普拉亚港。达尔文早先由塞治威克激发起来的对地质学的兴趣，现在变得更加浓厚了。

有一天，达尔文和科文顿背起了背囊，拿上了事先准备好的地质锤，沿着干涸的河流开始了他们的考察之路。

他们此行的目的是考察河两岸的地层。一路上他们拣到许多奇特的岩石，其中有黑色的火山岩、结晶的石灰岩。还有一块叫不出名字的岩石，上面有一束束美丽的、呈辐射状分布的细纹，看样子很像是某种化石。

“达尔文先生，这些杂乱无章的石头，捡回去有什么用呢?”

“每当开始考察一个新地区的时候，没有比地层中岩石的紊乱更使人伤脑筋的了。假如我们按照赖尔的方法，标明每块岩石在地层中的秩序，再把这些岩石同生物遗迹——化石或者贝壳层的分布情况结合起来，同现存的生物作比较，就可以断定那个新地区的地质年代，也可以看出那个新地区在近期里是不是发生过上升或者下沉的运动。”

“这么说，赖尔的方法是非常有用的了。”

“是的，赖尔处理地质学的方法，绝不是我随身携带的任何一本著作中提到的方法所能比拟的。”

他们按照赖尔的方法，继续考察一段时间以后，再拾野外的岩石就没有“杂乱无章”的感觉了。相反，他们感到岩石都是按照一定规律展现在自己眼前的，尤其是河流两岸和接近断裂的地带，岩石和贝壳之类的分布，层次显得格外清楚。

使达尔文最感兴趣的，还是那些海生动物的遗骸。只要找到了它们，他总要叫科文顿立刻贴上标签，自己又把遗骸周围的环境情况仔细地记录下来。

科文顿有些不耐烦地说：

“达尔文先生，简单地记录一下，以后再整理补充不行吗?”

达尔文回答说：

“那可不行。用简单的记录来代替详细的描述，很容易使一个科学家以后用不正确的和肤浅的假设去填充自己知识上的空白。”

科文顿又说：

“难道您就不相信自己的记忆力吗？这样有趣的事实，怎么也不会忘记的！”

“小伙子，千万别轻信自己的记忆力，因为在某个有趣的事物出现以后，还会有更有趣的事物接踵而来，时间一长，记忆力就会变得不可靠了，”达尔文耐心地解释说，“千万别让最有价值的资料从我们眼皮底下悄悄地溜走了。”

经过他的解释，科文顿开始心悦诚服了。科文顿开始主动地帮助达尔文收拾工具，整理标本，包揽了一切杂事，让他有更多的时间去仔细考察，详细记录。

每天回到住处以后，达尔文总要再把一天的考察情况写到考察日记里去。

有一天深夜，斯托克斯一觉醒来，看见达尔文还在灯下专心致志地整理标本。他正按照分类的名称、发掘的地点和地层等把标本登记在册子上。斯托克斯十分关心地说：

“达尔文先生，什么时候啦，您还不睡觉，真不怕麻烦。”

“这确实是一件麻烦的工作。可是，如果不这样做，以后再把各种标本进行分类，就很可能发生错误。得到一个分类错误的化石，没有比它还要糟糕的了。”达尔文强调地说。

达尔文不管得到多少标本，一定都要在当天贴上标签，加以分类，登记在册子里。这成了他坚持不懈的一条准则。

他们继续进行着考察之旅。科文顿划着小船，顺着海岸缓慢地前进。

“科文顿，你看，这段海岸一定是新近隆起的。”达尔文激动地说。

“谁有那么大的力量把它从海里托起来呢？”科文顿怀疑地说。

“你看，海岸上残存的海生动物和我们前几天采集到的标本，都跟现在生存在海里的动物完全相同，并且它们都在最高水位以上。看来赖尔认为地球表面近期里还在缓慢变化的看法是正确的。”达尔文满怀信心地说，“今后，我们必须把《地质学原理》当作环球考察的理论指南。”

“达尔文先生，您不是说过，汉斯罗教授叫您不要接受赖尔的理论吗？”

“他确实是我最崇敬的老师，我一向把他的话奉若神明，可是现在，在这个问题上，我不得不违背他的嘱咐，而要成为赖尔理论的热心信徒了。因为我应该尊重事实。”

水文考察人员在佛得角群岛做完水文测量工作以后，舰长费茨·罗伊决定穿过赤道，去到南美洲东海岸去考察。

“贝格尔”号舰又起航了。

平静的夜晚，皎洁的月亮高高地挂在空中，闪闪发光的大海呈现出一片奇妙而美丽的景象。船头劈开闪着月光的波浪，船尾跟着一道道白色的拖痕。到了白天，海面上铺满了泡沫，放眼望去，一个浪峰接着一个浪峰，是那么晶莹，那么明亮。

1832 年 2 月 17 日，“贝格尔”号舰经过圣保罗岛驶向费南多—德诺罗尼亚岛。它就要穿过赤道了。

按照当时的航海习惯，凡是第一次横渡赤道的白种人都要接受一次叫人害怕的“剃面术”的考验，大概是为了请海神保佑他们安全通过赤道线，今后也一帆风顺吧！

达尔文等 32 个第一次参加远航的白种人，被召集到一间大舱房里。舱口紧闭，闷得人十分难受。4 个打扮成“海神”的军官走进来高声地喊着：

“从来没有穿过赤道线的朋友们！我们就要穿过赤道线了。再没有比在皇家舰船上通过赤道线更有意义的事了，下面我们就要举行穿过赤道线的仪式。”

“残酷而又野蛮的风俗，它的意义早就随着时光的流逝而消失了，我们何必还要维持这种过时的传统呢？”画家厄尔不同意地说。

“不，不，有的传统还是要保持的，”韦尔姆命令手下的人说，“赶快把他们的眼睛蒙起来，没有什么好讨价还价的！”

接着，达尔文他们 32 个人都被蒙上眼睛，拉到了甲板上。沙利文怪声怪气地宣布说：

“费茨·罗伊舰长，海神愿意把上帝的意志附加在您的身上。”

“我衷心地感谢您，海神老人！”费茨·罗伊恭恭敬敬地说，“仁慈的上帝保佑他的子孙！”

“海神”沙利文宣布说：

“第一个是达尔文，他是舰长的朋友，根据他在船上的威望，必须第一个接受这项仪式。科文顿，表演开始！”

说着，一桶凉水劈头盖脸地浇在达尔文的头上，欢呼声和音乐声交织在一起。两个“海神”拉着达尔文转了一圈，就把他按在一块木板上，用油和颜料涂抹在他的脸上和嘴角周围，然后再用粗糙的铁环拼命地刮去。

信号一响，又把他推进一个用帆布制成的大浴槽里，还有两个“海神”按着他的脑袋在水里一按一松，呛得他死去活来，直到“海神”心满意足，才把他放走，再换第二个人……

这种恶作剧，使达尔文感到比生一场大病还要难受，好几天也没有恢复过来。费茨·罗伊亲自来看望他了。

“辛苦了，达尔文先生，是不是‘海神’把你作弄得过分了些?”

“我内心非常憎恨这种恶作剧，说实在的，我当时真想挣脱他们，不受这种折磨。不过，为了顺利地到达南美洲，也为了您的尊严，我还是忍受了这种折磨。”

“好了，别谈这些了。科文顿，好好照顾达尔文先生。”

费茨·罗伊说完就走了。

科文顿看到达尔文还没有摆脱晕船的痛苦，现在又受到这种非人的摧残，很不理解地说：

“达尔文先生，根据您的身体情况，您是很不适合航海这种倒霉差使的，听说您很快就要当牧师了，何苦来受这种罪呢?”

“我希望在自然科学的宝库中增添一些财富，这种强烈的愿望激励着我走上了这条道路。我相信，这种愿望能够促使我排除各种困难，去迎接胜利的曙光。”

1832 年 3 月 5 日，“贝格尔”号舰在经过马德拉群岛时，被晕船折磨了整整一夜的达尔文甚至都不能登上甲板去看一看这个群岛了。

晕船晕得厉害时，达尔文就躺在吊床上，阅读洪堡和其他旅行家描写热带自然风光的书；有时候他会躺在舰长室的沙发上，同费茨·罗伊谈话，以此来转移晕船的痛苦。

“贝格尔”号舰驶近特内里夫岛时，大海和天气才起了明显的变化。“贝格尔”号舰接着向圣克鲁斯驶去，这个镇的许多白色小屋子在火山岩的映衬下显现出来。

达尔文观察到了在浓云上空显露出来的白色山巅，他以为，饱览洪堡所描述的在攀登山峰时所见的美景的夙愿就要实现了。

这时，从圣克鲁斯驶来了一只小船。小船上的一位执政官登上了“贝格尔”号舰的甲板，他宣布说：

“现在欧洲有霍乱，‘贝格尔’号舰必须进行 12 天的隔离，在此之前，任何人都不准上岸。”

听到这个意外的消息后，全船的人无一不沮丧起来。因为要在这里无所事事地度过 12 天，这可不符合费茨·罗伊舰长的性格。他马上下令起帆，向佛得角群岛驶去。

这也令达尔文大失所望。达尔文以恋恋不舍的目光看着特内里夫峰那被初升的阳光照耀着的、那被羽状云朵遮盖住的大圆峰体。不过使他快慰的是，天气变得晴朗了，热带的夜晚美丽无比，晕船之苦也没有再来纠缠他了。

“贝格尔”号舰继续驶向美洲，海面上开始风平浪静了。

在一个风和日丽的日子里，达尔文用一个由破布做成的一米多长的小网捕捞海洋的浮游生物。

他像捕鱼一样把这个小网从船尾往后撒开，拖在船后边，这样，小网就可捕获大量形状精巧、色彩绚丽的微生物供他研究了。

当“贝格尔”号舰在普拉亚港停泊下来，达尔文上了岸，走进长有罗望子、芭蕉树和棕榈树的河谷，听到那不熟识的鸟儿在啼鸣，看到新奇的昆虫围绕着新开的花朵飞舞时，他感到自己进入了另一个世界。

达尔文坐在退潮后一些留有海水的洼地附近的熔岩底下，看着新生的珊瑚，心潮澎湃。他在这个光秃秃的平原上一连游览了三天，就是为了搜集大量的地质资料，以完成他重要的学术性工作，即将各国的资料汇编成册。这里遍地的岩石使他在这三天有了极其丰富的收获。他完全被吸引住了，可惜三天的时间太短了。

“贝格尔”号舰在这里停泊了三个星期。达尔文有充足的时间去做自然考察。

除了地质学，达尔文还研究植物学、动物学，他总是随时随地研究，并搜集了许多标本。

达尔文做这些工作时，几乎达到了废寝忘食的地步。有时，他一连几天都坐在船舱里研究这些生物，甚至连群岛上的居民他都研究，尤其是黑人。

达尔文总是充满善意地观察着黑人儿童或混血儿童的智力和很爱打扮、生性愉快的黑人姑娘。

“贝格尔”号舰在大西洋之中的一个不为人知的小岛圣保罗岛的岩礁旁再次登陆，从舰上放下了两只小船。一只由斯托克斯驾驶去调查岩礁，并把岩礁画到地图上；另一只由韦尔姆和达尔文驾驶，韦尔姆去打鸟，达尔文去研究地质和自然史，两人分工明确。

达尔文独特的求知欲在研究由岩礁上的鸟粪层形成的特别稠密的浮渣过程中再次表现出来，他首次发现管鼻鹱和燕鸥这两种鸟根本不怕人。

达尔文心中初步估计，在这些荒无人烟的岛屿上的第一批“移民”，很有可能是一些寄生昆虫和靠吃鸟的羽毛为生的壁虱。

有趣的热带动植物

“贝格尔”号舰最后一站是巴西人流放犯人的费尔南多—德诺罗尼亚小岛。这是一个约一千米高的火山岛，有许多千米以上的山。“贝格尔”号舰停在巴西的第一站是巴伊亚市，或者叫作圣萨尔瓦多市。

达尔文登陆后，发现这座岛屿由于火山爆发及天气酷热的关系，几乎是寸草不生。触目所及的景色是由火山岩和含有贝类的白色岩石等组成的玄武岩块，这些岩块堆积得像阶梯一样整齐，形成一种奇特的景观。

达尔文在这座小岛上着手调查海中动物的习性。其中最让达尔文感兴趣的是章鱼，它们常躲在退潮后的水洼里，不容易被发现，章鱼会使用长脚和吸盘，紧紧地攀住岩缝，当它准备游向海里时，就伸出长脚，吐出墨汁，掩护自己，然后像箭一般快速地前进。

章鱼的皮肤下层充满了红、紫、黄、黑等色素细胞，可以随外界的刺激而改变身体的颜色。如果潜在深海中，它的身体会呈现紫褐色；在陆上或浅水中，会变成黄绿色。

这是因为它的色素细胞与周围的肌肉纤维相连接，如果外界环境改变，章鱼体内的神经系统会控制色素细胞，使它在短时间内表现出不同的颜色。

达尔文对展现在面前的风景赞不绝口。高大的房子是白色的。古城傍海而建，海湾里停泊了许多船，四周是茂密的热带植物。

达尔文又陶醉在新鲜的空气、优美的风景之中，此时此刻，他感到洪堡那如入仙境的描写一点也不夸张。

达尔文走遍荒无人烟的热带森林。在森林的一些地方，含羞草像几寸厚的地毯一样覆盖着地面，人从上面走过去，就留下了一行脚印，这是由于含羞草敏感的小叶闭合下降和色彩变化而形成的。

他搜集了很多漂亮的陆生扁平软体多肠目动物的化石，并对昆虫进行了大量的研究，对其习性经常进行观察。许多热带大型蝶类引起了他的兴趣，这些蝶类可以双翅张开成平面，在陆地上奔跑，发出很大的“噼里啪啦”声。

达尔文特别努力搜集里约热内卢附近的甲虫，他认为，巴西的甲虫在美国昆虫学家的搜集品中，主要都是些大品种。他还发现了许多直翅目、半翅目和针尾膜翅目的昆虫。

一次，达尔文走进一座深山，看见几只黄蜂围着一只蜘蛛，把它螫得半死，然后把蜂卵产在蜘蛛的身体里。这个蜘蛛便成了黄蜂幼虫的点心了。黄蜂这种养育幼虫的特殊方法，使达尔文大为惊讶。

达尔文坦率的性格、善意的笑容、有趣的谈吐，在工作中表现出来的充沛精力和热情，这一切都赢得了人们对他的尊敬。人们开始称他为“亲爱的科学家”，有时干脆称他为“我们的捕蝇人”。

1832 年 4 月 1 日，“贝格尔”号舰上所有的人都在愚人节这天里大开玩笑，大家有的骂，有的笑。对于达尔文，人们想出了一个合适的诱惑物。

谢利万喊道：“达尔文，您看见过逆戟鲸吗？现在出现这种动物了，您快点来看！”听到喊声，达尔文翻身从吊床上爬下来，满腔热情地向甲板上跑去，想看一看这个“南方的海豚”。但是，迎接他的却是值班人员发出的哈哈大笑声。

“贝格尔”号舰继续向南美前进，横越大西洋时，经过圣保罗岛附近。通常大洋中的小岛，不是珊瑚礁就是火山岩所构成，但是这个岛却是纯粹的岩礁，从远处看起来是一片耀眼的白色，那是因为上面覆盖着一层鸟粪的缘故。

那些鸟粪受到雨水和海浪长期冲刷，变得坚硬光滑又圆润。有些船员看到这些鸟粪，还以为这座岛屿盛产珍珠呢！

达尔文在岛上看到一件很稀奇的事。

有一只螃蟹居然在沙滩上吃小鸟，那种聚精会神的模样，达尔文看得目瞪口呆，他深深觉得百闻不如一见！

“贝格尔”号舰抵达巴西的圣萨尔瓦多，这个地方有许多原始森林，里面长满美丽的花草。

珍奇的寄生植物及不知名的昆虫，使达尔文每天都兴奋地穿梭在茂密的森林里，做搜集研究的工作。对于一个生物学家而言，热带原始森林，真是一座蕴藏丰富的宝矿啊！

有一天，达尔文在海边抓到一条虎鱼，这种鱼的体态臃肿，可以把身体鼓成一个球体，然后从水里浮上来。

这种鱼是靠刺和喷水的动作来保护自己，当它把身体鼓胀后，长在身体上的刺就会竖立起来。

据说虎鱼被鲨鱼吞进肚子以后，不会马上死去，它在鲨鱼肚子里寻找有利的部位，然后用刺去刺穿鲨鱼的胃部逃出来。

像虎鱼这种小鱼，竟然可以杀死身体庞大和粗暴的鲨鱼，真是件不可思议的事。

达尔文对南美洲的地质结构、生物种类和当地的风土人情考察的时间最长。他爬高山、涉溪水、入丛林、过草原，搜集珍奇的动植物标本，挖掘古生物化石，历尽了千辛万苦，从来不曾“偷闲过半个小时”。

他经常和朋友们骑着马在那荒无人烟的地带进行考察。日晒雨

淋、饥渴劳累，还有毒蛇猛兽和传染病的威胁，都没有使他畏缩不前。相反，热带雨林的壮丽景色和别具一格的异国情调，却使他充满激情，流连忘返。

“用欢乐这个词来形容博物学家第一次在热带森林中漫步时候的感情，那是缺乏表现力的。科文顿，你说是吗？”达尔文感慨地说。

“大概您是诗兴发作了吧，达尔文先生。我只知道这个原始森林连羊肠小道也没有，寸步难行，我们的衣服都被剐破了。”

“你看，乔木是那样挺拔，寄生植物是那样新奇，野花是那样艳丽，它们交织成了精美绝伦的锦绣，就是一个高明的画家也很难设计出这样的画面来，这难道不值得我们赞叹吗？”达尔文说。

“你再看，那藤蔓植物互相缠绕，苔藓植物在地上铺成了一条条绿毯，又是多么美啊！小伙子，只有懂得大自然的人，才能够真正体会到大自然的美啊！”

“想不到上帝在这里创造了这样的奇迹，”科文顿边走边说，“仁慈的上帝大概不知道我们要到这儿来吧！要不，他就不会创造出这些剐破我们衣服的矮小植物了。”

“恐怕是按照一个伟大的计划创造出来的，”达尔文加快了脚步说，“眼前，我只管观察，更多的推理还顾不上。”

科文顿向前走了一阵，忽然听不到达尔文的声音了。回头一看，已经把他甩在后面一大截。为了不在原始森林里迷路，或者说是为了壮胆，科文顿又向达尔文靠拢了。他说：“达尔文先生，您一向是走在最前面的，现在怎么落后啦？”

“嘿，当我正在看一只翩翩飞舞的蝴蝶的时候，立刻又被这些奇树异果吸引住了；当我在观察一只慢慢爬行的昆虫的时候，它旁边的那朵鲜花又使我忘掉了昆虫。在剑桥大学养成的细致观察的习惯，不允许我匆匆地离开它们。”

“达尔文先生，您尽情地观察好了，我保证不随便离开您。”

科文顿和达尔文在野外考察，总是同行同住，形影不离。他们的足迹踏遍了南美洲许多深山老林、穷乡僻壤。

他们亲手试验过热带雨林的雨蛙脚趾顶端吸盘的吸力，这种吸盘能够牢牢地吸附在放大镜的玻璃上，镜面就是跟地面垂直，雨蛙也不会掉下来；至于昆虫利用拟态、保护色来迷惑它们的敌人，保护自己的例子更是不胜枚举。

科文顿看到这些小生物的奇妙本领，更加赞美全能上帝的智慧。而达尔文的脑海中却出现了一个问题：全能的上帝，当初既然这样精心地为它们提供保护手段，又何必为它们创造出敌人来呢！看来，整个自然界好像是一个残酷的角斗场。

在巴西内地的考察，一共用了将近两个星期的时间。达尔文回到里约热内卢后，便整理在巴西内地考察时所采集的东西和补写的日记。像往常一样，这项工作占用了他好几天的时间。

达尔文在博托福戈住了两个多月，研究了里约热内卢四郊的自然状况。白天，达尔文考察和搜集标本，或整理搜集来的东西。傍晚，达尔文细听青蛙、蝉和蟋蟀演奏的协奏曲。有时观察某个萤火虫的飞舞，搜集萤火虫的幼虫或对萤火虫进行实验。晚上，他就给朋友们写信，有时也阅读些有关科学考察的著作。

7月5日，“贝格尔”号舰在其他军舰鸣放的友好送别的礼炮声中，离开了到处是处女林的热带地区，向南方的气候温和的地带和海岸驶去。

在这次航行中，汹涌澎湃的大海再次使达尔文遭受到晕船的痛苦。但他有时能观赏到逆戟鲸、口齿锋利的抹香鲸和那被人们称为“开普小鸽子”的小海燕。船行至拉普拉塔，达尔文有时上岸去了解当地的情况。

他从城旁的一座小山顶上放眼望去，只见那一望无际的草原上，放牧着一群群牛羊。达尔文又向那辽阔的沙漠走去。

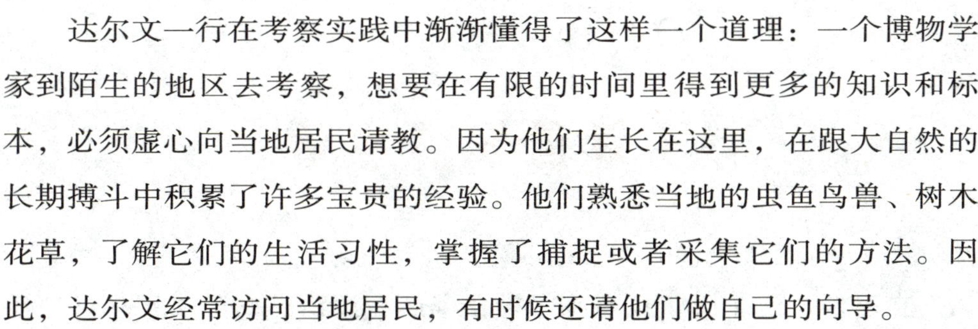

达尔文一行在考察实践中渐渐懂得了这样一个道理：一个博物学家到陌生的地区去考察，想要在有限的时间里得到更多的知识和标本，必须虚心向当地居民请教。因为他们生长在这里，在跟大自然的长期搏斗中积累了许多宝贵的经验。他们熟悉当地的虫鱼鸟兽、树木花草，了解它们的生活习性，掌握了捕捉或者采集它们的方法。因此，达尔文经常访问当地居民，有时候还请他们做自己的向导。

他问当地的高楚人这里有什么特殊的动物和植物吗？高楚人想了一想说：“这里的鸵鸟很奇怪，总是许多雌鸟在一起下蛋，叫雄鸟去孵，然后这些雌鸟再到别处去集体下蛋。”

于是，达尔文和他的助手走进无边无际的沙漠，花了好几天时间去观看鸵鸟下蛋的情况。

达尔文经过仔细的观察，终于弄清楚了，他高兴地对助手说：“你看，雌鸵鸟三天下一个蛋，一次连续下十几个蛋，总共要一个多月。这里天热，隔一个多月，早下的蛋不是腐烂了吗？所以它们就集体下蛋，叫雄鸟去孵。”

这些新奇的见闻，对于达尔文来说是多么珍贵啊，他拿起笔来把它们写进了自己的考察日记里。它使这位来自当时世界上最强盛的国家、出生在一个富有的医生家庭的青年，受到了一次深刻的教育：各民族的文化虽然有高低之分，但是每个民族总有自己的长处。印第安人的勤劳朴实，使他难忘。

了解黑奴的生活

在巴西，达尔文不仅看到了神秘丰茂充满诱惑的热带森林，他还从中获得了从未有过的知识和美好的享受，但同时他也看到了奴役奴隶的残酷景象，这类事更是令他深恶痛绝。

种植园主帕特里克·雷诺是一个爱尔兰人，他在巴西生活了将近二十年，他拥有一大批奴隶。

通过费茨·罗伊舰长的介绍，达尔文在雷诺庄园做了几天的客人。但是，在庄园的日子，却让达尔文一生都难以忘记。他的眼前时常浮现那些黑奴饱受折磨的情景。

虽然好客的主人给予他们非常热情的招待。但是达尔文却过得很不愉快，他在第一天，内心就有了很难受的感觉。

事情是这样的，当时客人们被主人安排到了客厅。有一个小黑奴按照雷诺的吩咐，端了两杯咖啡敬给客人，但不知是什么原因，当咖啡送到达尔文面前的时候，小孩的手摇晃了一下，杯里的咖啡泼出了一点。

小孩送完咖啡走过雷诺身边的时候，只听“啪！啪！”两声，雷诺狠狠地在小孩的头上重重地打了两下，嘴里还恶狠狠地骂着：

“黑鬼，你是怎么做事的！”

这时，小孩的父亲见状，赶紧跑了过来。他对雷诺既低头又弯腰，一副顺从而赔罪的样子。

看见这一情景，达尔文的内心难受极了，香浓的咖啡一点也没有喝就回房间里去了。

雷诺的种植园规模很大，全部要靠黑奴耕种。

往往一船新运来的黑奴有男有女，雷诺只要男奴，某个种植园主又只要女奴。就这样，完整的家庭被这些庄园主活活地分开了，使得夫妻俩从此永远都不能相见。

在雷诺领走男奴时，男奴叫喊着冲向自己的妻子，女奴抱着孩子哭得死去活来。他们活生生地被棍棒和绳索分开了，带着无比的痛苦和身上累累的创伤，只能相互望对方最后一眼。那种悲惨的场面，真是叫人惨不忍睹。

在当时那个万恶的社会，奴隶们连最起码的生活权利都没有。他们就这样像物品一样被主人在市场上买来卖去。

雷诺庄园里有一个白人老女管家，她的心特别狠毒。为了制伏奴隶她想出了各种恶毒的办法，为此她还特意制作了一种特别的夹钳，专门用来夹女奴的手指。

达尔文有一次就见到她用这种刑具把一个混血的年轻女奴折磨得死去活来。

然而，女奴的惨叫声丝毫也没有打动这个恶毒的老女人的心。

达尔文就不止一次地想，仁慈的上帝怎么不把这个恶毒的老女人打入地狱呢，怎么还让她留在这世上害人！

达尔文在雷诺庄园里实在住不下去了，他每天都能听到的是奴隶们受刑时发出的惨叫声。每当听到奴隶们一声惨叫，都要使他难受好一阵，以致在他头脑中形成了一种条件反射。

在他离开了雷诺庄园后，他一听到远处传来一阵阵的尖叫声，心头就会产生一阵剧烈的疼痛。

达尔文在巴西旅行时，发生了一件使他自感羞愧的事情。

有一次，他乘一艘平底船要摆渡过河，正巧船工是一个黑奴。

他想向这个黑人问路，船到对岸后他应该朝哪一条路哪个方向走。由于语言上的不通，达尔文便提高了嗓门在船工面前比画起手势来，以便船工能尽快明白他的意图。

谁知这位船工见状，马上就放下手中的撑船竹篙，低下了头，毕恭毕敬地站着不动了。

过了好一会儿，达尔文才醒悟过来，原来是船工以为这个白人在冲自己发脾气，要动手揍他了，他在默默地等着挨打呢。

达尔文深感内疚而痛楚地在日记中写道：

看到一个体格非常强壮的成年人，在他以为自己的脸上就要挨打的时候，却不敢起来自卫。看到这种情形，惊奇、厌恶和羞愧的感觉交织在我的心中，这是我永远也忘记不了的。这个人已被弄到如此屈辱的地步，甚至连最没有自卫能力的动物都不如。

达尔文也看到和听说了许多黑奴逃亡、反抗奴隶主统治的事。

有一次，达尔文和一个小团体结伴到巴西一个偏远的山林去旅行。他们走到了一个光秃而峻峭的花岗岩山麓。据同行的人说，这里有很长一段时间曾经是逃亡奴隶们藏身的地方。那些逃亡者曾在山顶四周耕种小块土地以维持生活。

但是后来还是被人发现了，庄园主让政府派来一队士兵抓走了这些逃亡的可怜人。

在追捕中，有几个黑奴被活活地打死了。还有一个老妇人，士兵们追赶她到了山崖，她毫不犹豫地跳下了万丈深谷，宁可粉身碎骨也不愿再被抓回去做奴隶。

对这个老黑奴的壮举，达尔文在日记中发出了钦佩的赞叹，而对那种维护奴隶制的观念作出了正义的谴责。他说：

这种行为，如果发生在一个罗马妇女身上，就被认为是一种崇高的对自由的爱，而对一个贫穷的黑人妇女，就要说她是顽固不化。

达尔文不仅同情黑奴，而且发自内心地喜爱黑人的勤劳、美丽、善良。在给姐姐苏珊的信中，他这样写道：

在我离开英国以前，有人曾对我说，在实行奴隶制的国家住过一阵后，我的见解就会改变的。但我所能觉察的唯一改变却是，我对黑人的性格有了更高的评价。

看到一个黑人而不对他发生亲切之感是不可能的：他们都是有着那么愉快、坦率、忠实的面部表情和那么俊美、强壮的体格。

达尔文还愤愤不平地告诉家人，在里约热内卢有个官员是负责禁止奴隶进口的。可是就在这个官员居住的地方，奴隶被私运进口的却最多。他感叹地说：

干这种事情的人，维护这种事情的人，就是那些信奉应该爱人如爱己，相信上帝，并祈祷他的意志在地球上实现的人们。

达尔文在考察日记里还记录下了欧洲殖民主义者的种种罪恶。

殖民主义者所到之处，世世代代生活在那里的土人就要大批大批地遭到无情的杀戮，或者被驱赶出自己的家园。殖民主义者一面高喊“自由、平等、博爱”，一面却干着贩卖黑奴的罪恶勾当；他们还把疾病传播到那些沦为殖民地的国家和地区，给那里的人民造成了不幸和死亡。达尔文无比愤慨地写道：

凡是欧洲人的足迹所到达的地方，死亡就好像在迫害着那里的土人们。我们可以去看南美洲、北美洲、玻利维亚、好望角和澳大利亚这些广大的地区，就会到处发现同样的结果。

一想到用自由来大吹大播的我们英国人和我们的同宗美国人过去和现在对这件事情犯有多么巨大罪恶的时候，就不禁使人感到血液在血管里沸腾起来了，心脏也紧缩起来了。

达尔文是带着《圣经》开始他的环球科学考察的。

他认为上帝是爱的化身，是无限仁慈的。在上帝面前人人平等，无论他是贫穷还是富有；不论他是白人、黑人，还是印第安人。而呈现在他面前的真实世界却充满了奴役、痛苦和罪恶。

达尔文后来回到祖国思考宗教问题时，奴隶制的罪恶帮助他认识到全能上帝的不可信。他在回忆录中写道：

根据痛苦的存在，来反对一个有智慧神的存在，在我看来似乎还是一个有力的论点。

采集骨化石标本

几天后，“贝格尔”号舰又离开了拉普拉塔，沿着海岸继续向南驶去，以便对海岸进行详细的观察。可是好天气没有维持多久，很快就又是狂风暴雨、海浪滔天。这种天气持续了一个星期，达尔文无法进行正常的测量工作。不仅天气不好，“贝格尔”号舰上的锚，也曾两次折断，随时有搁浅的危险。

“贝格尔”号舰最后终于驶进了布兰卡海湾，这里是一个风平浪静的好港湾。费茨·罗伊在这里拜访了一位小帆船主哈里森。哈里森对港口的情况非常熟悉，将“贝格尔”号舰引到一个能进行修理的停泊处。

费茨·罗伊和达尔文沿着通往居民区的海湾支流艰难地逆流而上，在这里，达尔文第一次看到一小群高楚人。费茨·罗伊舰长打算长期租哈里森的几只小帆船，去进行勘察，达尔文却愿意坐“贝格尔”号舰返回蒙德维的亚，也许他认为那样粗糙的搜集得不到好的资料。

在长满了青草的潘帕斯草原可以狩猎，捕猎的对象主要是鹿、鸵鸟和刺鼠。高楚人用系在一根长绳上的重球来捕捉鸵鸟，达尔文也想试一下这种新式的方法，想不到他却用绳索套住了自己骑的马脚，引得旁人大笑。总的来说，打猎没有收获，倒是发现了骨化石。

这一天，费茨·罗伊、达尔文一起在一个海湾周围航行，在彭塔阿尔塔发现了几个含有贝壳化石和骨化石的山岩。这个地方虽然风景不美，但气候温和，海水也很平静。

化石引起了达尔文的注意，第二天他又设法来到了离“贝格尔”号舰 16 公里远的彭塔阿尔塔，在那里他在含石灰质少的岩石中挖掘出了一个与犀牛颅骨很相似的大型动物的头骨。这很像是一个现在被列入古代有蹄类的箭齿兽的头骨。连续十天的坏天气，使他的考察中断了，但他也有了不错的成绩。

10月8日早晨，达尔文又去彭塔阿尔塔采集标本。他又有很大的收获，挖出了一个巨大的大懒兽的颌骨，这是居维叶早就确定的树懒科。

而他又发现树懒一直生存在南美洲，但是颌骨却是从有现代贝壳的土层里挖掘出来的，这就清楚地证明了赖尔的观点是正确的，而灾变论者的观点是错误的。这天他还抓住了一条蛇，根据它的特征，他判断这是条毒蛇，奇怪的是其尾端有一个坚硬的像响尾蛇那样的发响器。他还捡到了一些美洲鸵鸟蛋，相当于鸡蛋11倍重。

1832年10月17日，当“贝格尔”号舰离开布兰卡港，向蒙德维的亚驶出的时候，那几只坏了的小帆船也已经修理好了，立即被用于勘察工作。

“贝格尔”号舰到达布宜诺斯艾利斯。

布宜诺斯艾利斯可以说是世界上最规范的城市，所有的道路都成直角交叉，道路与道路的间隔相等，住家都集中在四方形的区域里。房子的格局一致，都是四方形的平房，屋顶平坦，上面摆着凉椅，可供夏天乘凉用，每幢房子前面都有一个大院子。

市区中央有一个广场，周围是政府机构、城堡和教堂等建筑物。这里居民以牛肉为主食，市区内设有屠宰场，屠宰场旁边还建了一座大牛栏。

达尔文在屠宰场附近，看见有人骑着马，拿绳子套牛，他把绳子的一端套在牛角上，另一端绑在马的脖子上，命令马把牛拖往屠宰场。这时，牛倒在地上挣扎企图逃走，但是这些训练有素的马匹力量很大，使劲地将牛拖进屠宰场，紧接着传来一阵阵凄惨的牛叫声，达尔文在外面听得很难受，便赶紧逃离屠宰场。

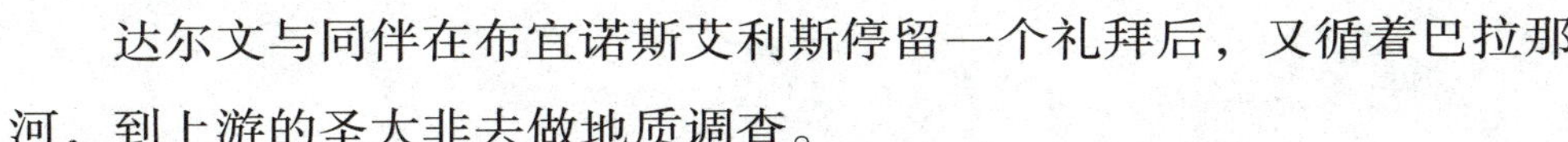

达尔文与同伴在布宜诺斯艾利斯停留一个礼拜后，又循着巴拉那河，到上游的圣大非去做地质调查。

圣大非与布宜诺斯艾利斯之间的平原，长满了茂密的蓟草，由于蓟草长得很高很容易躲藏人，因此听说此地也是强盗经常出没的地方。

达尔文发现这个平原上的生物很少，只有一种类似松鼠的动物和体型非常袖珍的猫头鹰。这种类似松鼠的小动物名叫“比斯卡加”，常在黄昏时，成群结队地蹲在洞穴口，一点也不怕生，就是有人骑马经过，它们也都好奇地张望着。

比斯卡加有个奇怪的习惯，它们喜欢把坚硬的东西搬到洞穴里储藏，包括：牛骨、石头、硬土块、干粪等，杂乱地集中成一堆，这些东西多得可以装满一辆手推车。

达尔文听说有一位绅士，曾经在深夜骑马路过这里，不小心掉了手表，第二天，他就在比斯卡加的洞穴里仔细搜寻，果然找到了他的手表。

抵达圣大非后，达尔文由于头痛在床上整整躺了两天，当地有一位老大妈很亲切地照顾他，并且用许多种奇怪的方法为他治疗。

老大妈有时候把橘子皮和着黑色膏药，贴在达尔文的太阳穴上；有时候，她使用另一种秘方，把豆子切成两半泡湿以后，再放在达尔文的太阳穴上。

离开布宜诺斯艾利斯后，达尔文又随同“贝格尔”号舰到了蒙德维的亚，在那里他又进行了一次游览。为了把船上的几名火地岛人送回故乡，“贝格尔”号舰又联合了几只小帆船于 11 月 28 日向火地岛开进。

这次航程比较顺利。在舰长费茨·罗伊的指挥下，“贝格尔”号舰向火地岛驶去，他们绕过著名的火地岛南岸的合恩角，在约克明斯特尔的附近登陆。

与火地岛土人交朋友

“贝格尔”号舰又继续航行。

这一天，一位船员忍不住大声叫道：

“火地岛到了。”

火地岛是一座位于南美洲顶端的岛屿，它隔着麦哲伦海峡与南美洲大陆遥遥相对。

生活在这里的土人原先都是远远地躲在树林里，当他们看到有船驶近时，一个个又叫又跳地跑了出来，他们挥舞着双手，嘴里还发出很尖锐的叫声。

舰长要达尔文和船员们在船上待命，然后另外派一个人前去和土人交涉。

不久，土人也派了一个人前来领航。

达尔文他们上岸时，只见土人一面高声嚷叫，一面指手画脚，场面实在是有趣极了。

这些土人所穿的衣服都是由骆驼皮做成的，没有剪裁，只是斜披在肩膀上而已。

一位年龄很大的族长向达尔文他们走来。

达尔文他们把一些红布送给土人，土人们露出友善的笑脸。

那位老族长向达尔文走近，对着达尔文的胸部，嘴里说着“今令哈！令哈”捶了三下，然后又在达尔文的背部“今令哈”捶了三下。接着，老人挺起胸膛，示意达尔文如法炮制。

达尔文就模仿他的动作，对着他的胸部“今令哈”重重地回他几拳。那位老人高兴地笑了。

“这大概就是他们的见面礼吧！”

达尔文悄悄地告诉船员们。

有位船员对着天空开了一枪，并且大声叫着：

“看！我打下了一只鸟。”

土人们吓得一哄而散，达尔文以为土人什么都不懂，没想到有几位土人指手画脚地说：

“枪，很可怕，会打死人，我们不喜欢枪，我们喜欢玩刀子。”

在火地岛上，山地占了很大的面积，上面布满了森林，森林里面阴暗潮湿，终年不见阳光。

在岛上海拔500米以上的山地，完全属于高山植物茂盛的泥炭地带，上面都覆盖着一层厚厚的雪。

达尔文曾经到火地岛的森林去探险过。

他清晰地记得那次探险时的情景。当他进入林区后，眼前出现了一大片的常绿树，密密麻麻地遮住了上头的阳光，这里的气氛和活泼的热带森林完全不同，笼罩这个森林的是一股“死亡”的气息。

山峦叠起，高峻险要，激烈的狂风夹杂着雨雪和冰雹，这地方真是名副其实的“生界边缘”。

达尔文碰见六个土人乘着一艘独木舟在打鱼，他们都一丝不挂，不像有些地区已经懂得穿骆驼皮或海豹皮来遮蔽身体。

土人看见船员的小船非常惊讶，便立刻放火以通知其他土人，并且纷纷地向海边跑过来。

达尔文和船员们上岸后，土人个个十分警惕地看着他们。

达尔文善意地把一块红布披在土人的脖子上，并请船员分送许多礼物给土人后，土人才变得亲切起来。

土人很喜欢吃饼干，对牛肉却摆出一副厌恶的表情，达尔文发现要让土人高兴很容易，但是要满足他们的欲望可就很难了。不管老的小的，都对他们嚷着：

"杨梅鲁修纳!"意思是说:"给我东西。"

土人对什么都有兴趣，经常指着船员衣服上的纽扣说:"杨梅鲁修纳!"然后再指指旁边的年轻女孩或小孩，意思是说:"你们不给我，也应该送给他们吧!"船员被搞得苦不堪言，仿佛来到了穷人岛。

这地方的土人根本不怕刀枪，想要赶走他们还真不容易。

有一次，舰长很生气地拔出小刀，想赶走围在四周要东西的土人，并且把刀尖对着一个年轻人的鼻子比画半天，但是，却引来了土人们的一阵狂笑，狂笑后土人还是赖在原地不肯走。

舰长忍无可忍，拔枪对一个土人的上方开枪，那位土人对擦身而过的子弹，似乎有点吃惊，但是他摸摸头，马上又和同伴叽叽咕咕地不知说什么，一点也没有要逃走的意思。

达尔文只能对同伴苦笑着说:

"真是拿他们没办法。"

有一次，达尔文他们送跟随"贝格尔"号舰的火地岛土人杰米回家，一行人到达了杰米家族所住的海湾，另外两个随船的土人也想留在杰米的家乡。

于是，达尔文和船员就帮忙盖了三间大房子，开垦了两块土地，还帮他们播下了种子。

这些举动引来了许多土人的围观。杰米的母亲和兄弟也来了，但是他们别后重逢的场面并不感人，杰米没有拥抱他的亲人，只是彼此注视了一会儿，然后，他的母亲又回过头照顾独木舟去了。

达尔文愣愣地看着面无表情的杰米，听见有人在窃窃私语，达尔文仔细一听，大意是当初杰米被舰长带走时，他的母亲非常伤心，生怕杰米在半途会被抛弃，所以她花了很多时间在森林里寻找，可是，现在杰米回来了，她却表现得相当冷漠。达尔文觉得很奇怪。

为了替杰米他们盖房子和播种，达尔文和船员就在岛上耽搁了几天，也使达尔文有机会多了解他们的生活习惯。

他发现当地的女人很勤劳，从日出到日落，一直马不停蹄地工作，男人却都无所事事，东游西逛地看船员做事，甚至看到什么东西，就找机会偷走。

为了想看看杰米的生活情况，达尔文又到了杰米的房子那里，听一位和杰米一起留下来的传教士说，达尔文他们走了以后，土人就把杰米他们的东西都抢走了。

还好他们事先在地下偷埋了一些东西，否则他们真的是一贫如洗了！

有一位船员拿了衣服给杰米换上，杰米的情绪已经稳定下来了。他开始和大家嘘寒问暖，叙述自己的种种遭遇。

最后，杰米含着泪和大家一一握手道别，达尔文和船员都在心里为他默默地祝福着。

认真记录自己的见闻

离开了杰米，“贝格尔”号舰又继续向前航行，达尔文觉得若有所失，一个人坐在甲板上沉思。

“对了！写写日记吧！”他忽然想起在火地岛所见的动植物以及海底生物。

根据地理位置和植物分布的情形来看，达尔文发觉火地岛的生物相当少，只有鲸鱼、海豹、狐狸和老鼠等哺乳类，几乎看不到爬虫类，甚至也很少看到甲虫。

火地岛上黑漆漆的森林里有一些山鹊、啄木鸟和鸩鸽等。海底的生物就比陆上丰富多了，特别是有一种海草，盘生在岩石的细缝中。达尔文发现过一棵长约七八十米的大海草，这些海草是从防波堤斜着往海底生长的。每当海浪冲向沿岸时，海草就发挥保护海岸的功能，阻挠大浪的冲击。

如果要把海草附近的海底生物一一介绍的话，恐怕可以写成一本书。达尔文在日记上写下：

> 总之，这里有小鱼、章鱼、螃蟹、贝类等数不尽的生物，能够和这海草森林相比的，大概只有陆地上的热带丛林了，但是不管哪一种丛林，也不会像海草森林一样，能养活这么多的生物。

写到这里，达尔文不禁抬头看看浩瀚的海洋，喃喃自语：“如果没有这些海草，许多鱼类会死亡，间接地，那些海豹、水獭等各种动

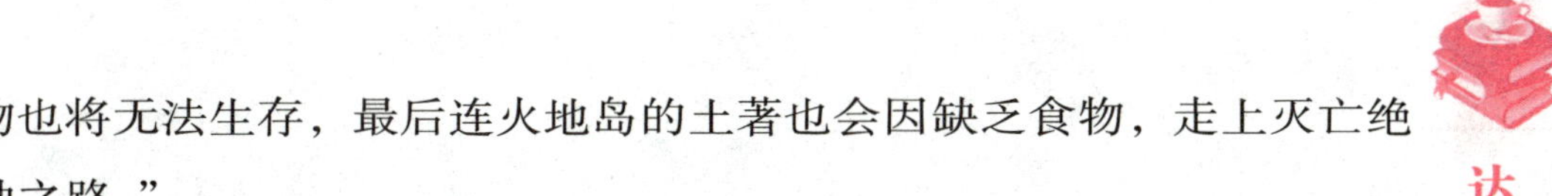

物也将无法生存，最后连火地岛的土著也会因缺乏食物，走上灭亡绝种之路。”

达尔文默默地在日记本上记录着。这时，“贝格尔”号舰再度驶回东海岸，然后沿着科罗拉多河而上，沿途可以眺望高耸的安第斯山脉。

达尔文将沿途所见的人事地物都记在日记本里，有位船员过来提醒他：“喂！还记得我们在福克兰群岛上看到许多稀奇的动物吗？例如趁我们睡觉时，跑进帐篷偷吃肉的狐狸，还有一种拍着翅膀划水的笨鸭子，俗名叫什么、什么的，你都写下来了吧？”

达尔文挥挥手上的日记本，笑一笑：“没问题，没有一样漏掉，包括你说的那种笨鸭子，俗名叫汽船。”

1833 年 1 月 11 日，“贝格尔”号舰到达约克明斯特尔山附近。海上又起了大风暴。“贝格尔”号舰为防止被岸边的激浪打坏，又退回海上。

翌日，将近午时，一个巨浪翻滚到“贝格尔”号舰上，灌进舰上的一只捕鲸艇里，因此舰长不得不下令立刻割断它的缆索舍弃它。可怜的“贝格尔”号舰也因为受到浪击而颤抖起来，有几分钟不能听从舵的指挥。但是不久，这只驯良的船只又恢复了正常状态，并顺风驶去。假若这时再来一个巨浪，“贝格尔”号舰就将葬身鱼腹了。

达尔文在《考察日记》中用诙谐的笔调写道：

当你考虑到自己势必要在这个最著名的地方遇到恶劣的天气，又是乘坐这种通常认为不能用以环绕合恩角航行的船只，那你就会感到满意。

比我们这只能在水中浮沉的小鸭子更能经受这种恶劣天气的船只是为数不多的。

敢于怀疑陈旧论断

1833年1月11日，“贝格尔”号舰因大风暴突然降临，费茨·罗伊舰长放弃了去美洲西岸的计划。

费茨·罗伊决定坐那三只捕鲸船和一只舢板去朋松布海峡，经过贝格尔河再做一些采集工作。

作为博物学家的达尔文自然同样珍惜这个机会，大家以一些小港湾为据点，沿着贝格尔河前进。

他们在途中见到许多高大的山峰和茂密的原始森林，了解到当初的火地岛人和传教士在朋松布海峡伏里阿港住下来，世代繁衍生息。这些初民盖起了漂亮的房子，播下了希望的种子，开辟了美丽的花园。

前去的队员中一些人返回到“贝格尔”号舰，还有一些人去贝格尔河西段考察。北边的景致令他们大开眼界。支流两边都是高山，其中一座叫萨尔明托山。为了表彰达尔文，舰长将另一座山命名为达尔文山。

一条条小溪冲进小河，流经森林，而那些美丽的冰川也耸立在水面上。山峰长年被白雪覆盖着。

一座座冰川有时像山一样掉进水里，那腾起的浪花几乎卷起了几只小船。

捕鲸船和小舢板绕过浪尖仍能平安地留在原地实属不易。探险队又回到了伏里阿港。

达尔文读了汉斯罗寄给他的赖尔写的《地质学原理》，并在这本书的第二卷上留下题词，这本书为达尔文后来研究物种起源奠定了

基础。

在第二卷里，赖尔透彻分析了物种变异性、传交性、遗传性以及由于外部条件而发生影响的一系列问题，批判了拉马克的进化论，提出了生存斗争、物种更替的见解。

不过，赖尔并不同意进化论。他认为物种会因某些外界因素而发生一定的变化，但是无论怎样变化都有一定的界限，绝不会因为杂交而变化，并产生强大的后代。

即使在人们的干预下也没有用。在自然进化过程中，所有的例外只是偶然而已。

所以赖尔认为，物种是存在于自然界的固定物，每个物种形成时就具备了自己的特征，每个物种起源时只有一个存在方式，而且有一定的条件限制。

赖尔的思想还局限在“当上帝创造人类时，已经规定了他们的环境和机会”的认识上。

由于当时达尔文也相信赖尔的观点，所以在旅途研究时还参考汲取了不少书中的知识。这本书还让他了解到许多关于物种的问题，比如起源、变异等。

但是，达尔文对科学精确度的支持使他在自己研究的同时对赖尔的一些论断产生了怀疑，因为他发现物种都是在一定的限度内发生变异的。当他在彭塔阿尔塔进行研究时，就认为现代贫齿类与古生树懒科是有繁衍进化关系的。

考察可爱的小动物

在旅行期间，达尔文仔细考察，认真做好记录，同时他还随时搜集有价值的动物信息。他因此也采集了许多兽类、鸟类和爬虫类的动物标本。

这些标本中，其中有一种名叫格尔布斯·甘培斯翠斯的鹿，这类鹿种在拉布拉他河沿岸和巴塔哥尼亚的北部最常看到。

这种鹿常常是聚在一起集体觅食，它们天生胆大，从来不害怕行人。

当有人走到它们附近时，它们并不会想着要逃走，就像它们预先知道没有任何危险一样。不仅如此，它们还会好奇地走过来看一看眼前的人类。

它们天生还具有极为强烈的好奇心。但这种与生俱来的好奇心却经常断送生命，因为这一点，这种鹿才常常被人们很轻易地捕杀。

另外，达尔文在那里还发现了一种不怕枪声的鹿种。

那是在一个晴朗的午后，达尔文和几位牧羊人正要出去打猎。

达尔文看到一群鹿挡住了他们的去路，而且丝毫没有离开的意思。

于是，达尔文举起手中的枪对着天空，“砰！”的放了一枪。结果出人意料的是，鹿群对枪声却一点也不害怕，反而是子弹壳打到地上所弹起的灰尘，让它们有些害怕了。

后来，达尔文实在没有别的办法了，他就只好冲着鹿群大吼了几声，这才把那群鹿赶走了。

在这里，达尔文还观察到了几种胆子特别小的水豚。

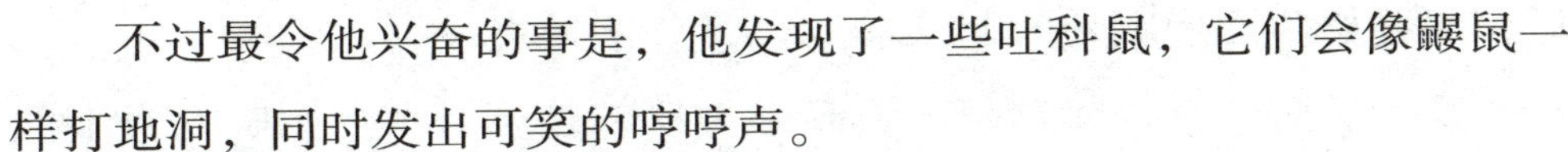

不过最令他兴奋的事是，他发现了一些吐科鼠，它们会像鼹鼠一样打地洞，同时发出可笑的哼哼声。

达尔文还发现了一种名叫兹克兹哥的小动物。它们长得很像鼠，喜欢到处挖洞，使得马匹们一不小心，马蹄就会陷到洞里去。

“嘎吱嘎吱”，达尔文时常会听到不知从哪里发出的怪声来。

达尔文第一次听到这种怪声音时，是在一个空旷的地方，他当时着实被吓得毛骨悚然起来，因为他根本就不知道“嘎吱嘎吱”的声音是从哪里传来的，也不知道是什么动物发出来的声音。

他神经质地大叫一声：“是谁？”

突然，随着喊声，一只小动物跳过他的眼前。达尔文这才知道，原来是它在搞鬼！后来经过考察他确定，“嘎吱嘎吱”这种特殊的声音就是这种动物发出的声音。

达尔文在马多纳索的广阔草原上，还发现许多不同种类的鸟。

其中有一种类似英国白头翁的鸟，它们常常停在牛或马的背上。它们也和布谷鸟一样，会把蛋下在别种鸟的窝里，借助别种鸟的哺育来繁衍后代。

还有一种叫“索罗发克斯·斯鲁飞拉斯”的鸟，是美洲产的大蛋鸟中的代表。它长得四不像，身体像杜鹃，又像伯劳，在空中飞翔找食物的样子又像老鹰，但是俯冲的速度却远远比不上老鹰的动作来得敏捷。

有一天黄昏，达尔文正经过一条小河，他看见这种大鸟停在水边静静地等着游近岸边的小鱼，然后，张开大口就吃到了那不知死活的小鱼儿。

大鸟吃饱喝足了，便会躲进路边的丛林里高声唱歌。那种声音听起来，好像在跟达尔文打招呼说：“嗨，你好。”

达尔文在南美最常见的秃鹰是“卡鲁拉甲”，它们经常成群结队地停立在沙漠中等候疲倦、口渴而死去的动物，它们把动物分尸之后，便开始狼吞虎咽地吃起来。

这种秃鹰常会偷吃鸟蛋，或是一大群都爬到马背上去啄马身上的疮疤。但是，这种秃鹰却不攻击活鸟和其他兽类。

有一次，达尔文在巴塔哥尼亚荒野上过夜。

到了第二天早上，他醒过来，忽然发现几只“卡鲁拉甲”正瞪着充满恶意的眼睛看着他。达尔文见状，撒腿就跑。

“卡鲁拉甲”却显得很聪明，它们以为达尔文是要去打猎，就跟在后面穷追不舍，目的是想分享一些猎物。

“好吧！这是我昨天抓到的几条小鱼，送给你们吧！”

达尔文说着，随手把小鱼扔给了它们。

“卡鲁拉甲”们争先恐后地争抢着小鱼。

等它们把小鱼吞下去后，没有羽毛的胃部就会胀得鼓鼓的，这时，它们的动作变得很迟钝，飞起来也笨重了，样子很像英国深山里的老乌鸦。

这种秃鹰在鸣叫时，都是把头抬得高高的，再把脖子往后仰，发出一种沙哑的叫声。

“奇曼哥”比“卡鲁拉甲”小一点，是杂食性的老鹰，除了吃腐尸外，也寻找面包或马铃薯充饥。

“奇曼哥”吃动物尸体的方法很特别，达尔文曾经坐在一块大石头上观赏了半天。

“奇曼哥”将整个身体钻进牛马的肋骨里面，把残肉啃得干干净净的，那样子就像是关在笼子里的囚犯拼命地啃着难得一见的美食，达尔文看得都傻眼了。

另外，达尔文还碰见一种根本不怕人类的鸟。

有个晚上，达尔文正在睡梦中，忽然，他感觉戴在头上保暖的帽子一直在动。他觉得很奇怪，马上清醒过来一看，居然是一只鸟正要拖走他的帽子。他转身一看，还有另一只鸟正在垃圾桶里翻来翻去的，

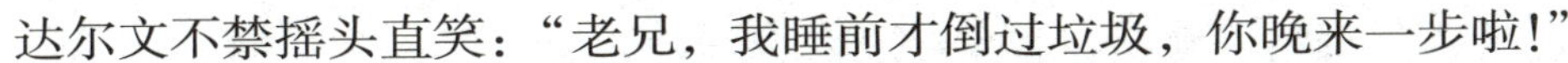

达尔文不禁摇头直笑："老兄，我睡前才倒过垃圾，你晚来一步啦！"

第二天醒来，达尔文还发现一件怪事，他放在皮箱里的小罗盘也不见了，大家都笑说是那两只鸟偷走了，达尔文还半信半疑呢！

他认识的昆虫中，最有趣的一种是属于凤蝶类的蝴蝶，它经常停在树干上，但是不像其他的蝴蝶把尾巴翘得高高的，而是挺直地把翅膀水平张开，而且最妙的是，它居然会像人一样走路。

达尔文生平第一次看到这么有趣的蝴蝶，他想偷偷地用镊子去夹它，不过，镊子一靠近，它就逃掉了。

有一天，达尔文看见一只蜜蜂和一只蜘蛛打斗，蜜蜂猛然向蜘蛛扑过去，然后立刻飞走。蜘蛛想逃掉，一不小心却滚下斜坡，受了点伤，最后它慌慌张张地躲进了草丛里。

不久，蜜蜂又飞回来，看不到蜘蛛的影子，它就鼓动翅膀，像猎狗追狐狸一样，开始钻进草丛里去寻找。

找到蜘蛛之后，蜜蜂就对准它的胸部刺了两下，再用触角试试看蜘蛛死了没有，然后才高高兴兴地把蜘蛛拖走。

这地方的蜘蛛比任何昆虫都多，包括不会吐丝的在内，简直难以计数。有的蜘蛛长着外壳，有的蜘蛛是脚下长刺，另外有一种毒蜘蛛，会吐出坚韧的网，堵住森林中的去路。

达尔文还在两棵大树间发现一张大型的蜘蛛网。

"哇！"达尔文不禁惊叫一声，"这张蜘蛛网居然捕捉住一只鸟。"

对南美洲进行考察

1833年7月8日，“贝格尔”号舰离开马尔多纳多，向里奥内格罗驶去。

途中，达尔文离开“贝格尔”号舰，本想去布兰卡港，但却来到了布宜诺斯艾利斯。稍作停留后，他又回到布兰卡港，并于8月24日在布兰卡港等来了“贝格尔”号舰。次日，“贝格尔”号舰又向拉普拉塔驶去。达尔文留了下来，步行去布宜诺斯艾利斯，他仍旧在彭塔阿尔塔搜集了许多化石。

这一次，达尔文挖掘出了不下五种贫齿类动物化石，如大懒兽、磨齿兽等。正如古生物学家奥温后来所判断的那样，这些像大象或犀牛一样大小的动物，不能爬树，但它们能用后肢站起来，能靠大尾巴支持抱树，把树弄倒然后再去吃树叶。

达尔文找到了树懒科和犰狳化石，还挖到了许多现代贝壳以及与其接近的贝壳。在给汉斯罗的一箱化石上，达尔文依次编上号，并加以保存。

达尔文对这些问题感兴趣的原因之一是它与动物起源有关，这些研究结果可以证明物种的可变，也是对赖尔的观点进行驳斥的有力证据。达尔文又列举出一些事实，证明了拉马克关于各物种都有相互联系的正确性。

达尔文在彭塔阿尔塔认识了五种现代犰狳，第四种是在布兰卡港以北的地方碰见的，有三种都分布在更远的南方。因此，在从北到南的旅途中，他发现哺乳动物和鸟类的相似形态都是互相更替的。虽然这些事实都是分散的、零星的，但却在他的《航海日记》里完整地反

映出来。

在布宜诺斯艾利斯，达尔文去过一个绿草如茵的地方。当地居民告诉他，野草养活了家畜，而家畜粪便又滋养了这里的野草。在这附近的瓜尔基亚，他发现了许多株如茴香这样在欧洲很普遍的植物，还有很多西班牙蓟。

达尔文就此又证明了赖尔的一个观点："植物分布的一个重要原因在于人类的活动。"

达尔文于1833年9月10日再次到达布宜诺斯艾利斯。19日，他沿着巴拉那河到圣菲镇去旅行。在这里，鼠石是主要的啮齿动物，它与小猫砂鹰是最好的朋友。

鼠石通常把各种东西拖到洞口，人们认为它这样做是为了好辨认自己的洞穴。鼠石往南只分布到奥格罗，因为它们需要在黏土或沙土中挖洞穴。

但是在马尔多纳多附近却根本看不到鼠石，因为乌拉圭是鼠石分布的终点。从这点可以看出，动物种类是在特定环境下产生的观点是错误的。

后来他来到圣菲，在这里待了五天，做了一些地质方面的研究。看来这里原先是个淡水湾，因为河岸上有一些动物尸体，也就是说这里原来发生过地壳变动。他在这些尸体中发现了一只巨大的犰狳甲壳和箭齿象、柱齿象的牙齿，以及一颗马牙。

在这次旅行中，达尔文听到过许多关于动物在大旱时期大批量死亡的故事。这就是他为什么会一下子挖到这么多化石的原因。他还听说其他地区的动物大量死亡的事实，那时动物都找不到水喝，大旱之后的洪水又淹死了不少动物。

10月12日，由于头痛病，达尔文只好乘一只小单桅船返回布宜诺斯艾利斯。他路过树木繁茂的群岛时，看见了许多美洲豹。这种动物在这里特别多，它们经常吃马、牛和人。

听说有一只美洲豹在教堂里咬死了两名牧师，人们还是从一个墙角爬进去开枪打死它的。这些美洲豹能把树皮抠下来。

达尔文还看到了一种叫作剪嘴鸟的鸟，这种鸟的上嘴壳比下嘴壳大而且很窄，达尔文知道它是怎么像鸬鹚那样将小鱼从水中叼出来的了。

直至10月20日，达尔文才到达巴拉那河岸，迎接“贝格尔”号舰。他并没有一直闲等，两个星期后，他搭上了一艘邮船去往蒙德维的亚。在那儿见到“贝格尔”号舰时，他们延长到12月起航，以便有足够时间勾画出海岸图。

达尔文再次登岸，两个星期到德塞德斯后，再返回蒙德维的亚。三天之后，达尔文到了科洛尼亚·德尔·萨克位明托。在附近的牧场里，达尔文遇到了一种像狮子狗般的牛，叫作“尼阿塔”。

从德塞德斯返回的途中，达尔文偶尔发现了一些古生物的残骸，还有这里的一些地方名称，如兽河和巨兽山都充分表明了大量动物灭绝于此。

回到蒙德维的亚，达尔文又搬回到“贝格尔”号舰上，他们又买了一条纵帆船“埃德文切尔”号，于12月7日起航往南，朝巴塔哥尼亚方向驶去。

达尔文在船上又度过了一年。由于不断的搜集和研究，在物种起源这个问题上，他研究得越来越透彻了。

达尔文发现许多动物化石，加之对其他动物分布、先前活动痕迹的观察，他对赖尔的观点产生了严重的怀疑。

当达尔文还只会采集、收藏时，就已经表现出了对科学执着追求的精神，而现在，作为成长起来的博物学家，他更学会了如何去研究和思索。

深化认识

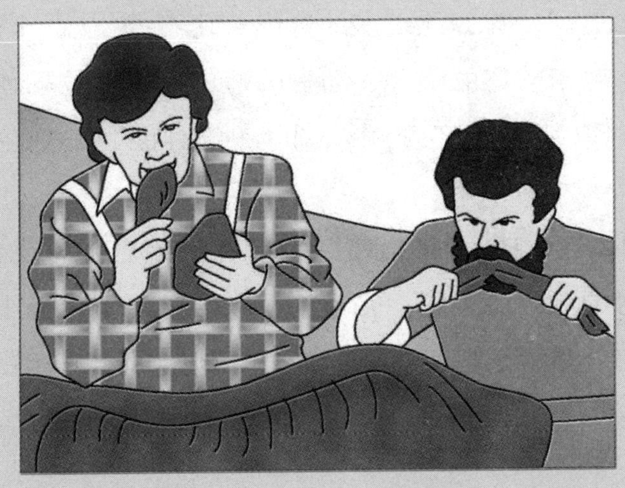

乐观是希望的明灯，它指引着你从危险峡谷中步向坦途，使你得到新的生命新的希望，支持着你的理想永不泯灭。

——达尔文

研究物种起源课题

随着考察的继续和研究的进一步深入，物种起源问题也就愈来愈广泛地在达尔文面前展开了。达尔文在“贝格尔”号舰上又生活了一年。他已成长为一个博物学家和旅行家。

恰恰在南美洲，有如此之多的贫齿目化石的发现，许多邻近物种的地理分布；对于动物的绝灭、动物的适应、动植物的相互斗争的观察，所有这一切都在为怀疑赖尔对物种所持的观点的正确性提供根据。

1833 年 12 月 7 日，“贝格尔”号舰往南朝巴塔哥尼亚方向驶去。达尔文在航行中撒到海里的一张小网捞取到了许多在海中浮游的活甲虫，其中一部分是淡水栖甲虫，一部分是陆栖甲虫。达尔文把这种现象解释为：有一条来自淡水湖的小河在离哥连德角不远的地方流进海里。

12 月 20 日，“贝格尔”号舰驶进了希望港口，眼前是一片真正的荒漠，从一些地方的名字如“饥饿港”就已表明这一点。然而达尔文还是射到了一只驼羊。这只驼羊除了内脏以外，净重 70 公斤。达尔文在《航海日记》中写道：“我们有了供大家过圣诞节用的鲜肉了。”

达尔文在 1833 年这一年仍继续研究南美洲的地质情况。他的研究工作经常是在困难的环境中进行的，因此要有十分耐心、孜孜不倦和坚韧不拔的精神，要有作出正确判断的卓越才能，要有善于博得当地居民信任的本领。

如果说达尔文在学生时代作为一个采集者、收藏者和猎人就已初步表现出了这些品质的话，那么现在他已成为一个善于思考、善于给自己提出问题，并且设法解决问题的博物学家了。

1834年1月底，费茨·罗伊舰长、达尔文和水兵们，一部分人乘“贝格尔”号舰，另一部分人乘坐小船去勘探麦哲伦海峡。达尔文在这些地方又可对许多有趣的关于生物地理分布的情况进行观察了。

麦哲伦海峡的两岸具有过渡的特性。在这里，巴塔哥尼亚的生物和火地岛的生物混合在一起。达尔文在这里时常可以同时看见这一地区或那一地区的植物。

达尔文登上了第塔尔恩山。在连续下了三天的倾盆大雨后，山上的树木是这样茂密，尽管海峡里暴风怒号，这里的树叶却一动也不动。

堆满了大量腐烂树干的深沟与河谷使人望而生畏。脚一踏在这些树干上就陷到膝盖处，经常滑倒，特别是想靠一下的某些树干，原来竟然是轻轻一碰就会粉碎的烂木头。最后树木越来越矮小，到山顶上就光秃秃的什么也没有了。

从山顶上看，周围是些不规则的山脉，上面点缀着片片雪迹，看到有绿里透黄的河谷和大海支流。这里刮着刺骨的寒风，而空气中却充满了雾气。下山不费力，然而还是经常滑倒。

“贝格尔”号舰离开麦哲伦海峡返回后，又向南拐，继续测量火地岛的东岸，这次测量终于完成了。

达尔文在圣塞瓦斯蒂安港看见了一幅壮丽的景象：无数条口内有齿的抹香鲸正在嬉戏，全身跳出水面后，再倒身扑打下去，发出巨大的拍水声，这种声音很像大炮发射炮弹的声音。

达尔文以前在这里就曾碰见过最可怜的火地岛人。这些部落甚至都没有首领，每个部落都仇视邻近的部落，他们相互之间都被一片荒无人烟的地带或中立地区所隔离，两个部落彼此都竭力争夺那些少得可怜的生活资料，即悬崖下和海岸上的贝壳、鱼类和海豹。

他们的主要财产是独木船，自从欧洲人发现了火地岛人以后的

200多年间，这种独木船还是老样子。和这些处于最不开化的原始状态的人多次会见，当时就使达尔文的思绪追溯到许多世纪以前，并且问自己：难道我们的祖先也是这个样子吗？

2月26日，“贝格尔”号舰进入贝格尔河，费茨·罗伊前些年就曾乘坐小船沿着这条河旅行过。这一次，“贝格尔”号舰在航行中熟练地顶着西风迂回行驶，通过了这条河。

3月初，达尔文和费茨·罗伊利用一个好天气，最后一次参观了朋松布海峡的北部，那里有一座高度甚至超过萨尔明托山2000米的壮丽的山脉，也参观了伏里阿港。他们的熟人杰米乘坐着一只挂着一面小旗的独木船向他们驶来。

杰米怀着平常那种温和的感情，把两张水獭皮送给了自己的英国朋友，还把他亲手做成的几个矛头和箭头送给了舰长。当“贝格尔”号舰向着大海驶去的时候，杰米就在沿岸的一个山岗上燃起一堆火，作为送别的信号。

3月10日，“贝格尔”号舰又停泊在福克兰群岛附近的巴尔克里湾。达尔文在这里仍然顽强地、毫不动摇地继续进行自己的博物学家的工作。

3月16日，达尔文带着两名高楚人，对环绕着这个岛的部分地方，进行了一次考察。

不管是寒冷的天气，还是夹杂着冰雹的暴风雨，或是只有地质意义的不毛之地都阻止不了达尔文。在旅途中，他们经常会碰见一小群大雁和田鹬。而野牛和从前法国人运到这里来的马匹，却吸引了达尔

文的主要注意力。

达尔文观察着高楚人灵敏地往野牛脖子上投套索，向野牛后腿的主腱上用刀一刺，使它不能再迅速地向前奔跑，霎时间就把刀刺入脊髓的顶端，然后就把野牛杀死。

他和高楚人一起吃野牛肉，为了不使一滴肉汁流失，他们连皮烧烤。

因为这个岛上的人通常是把容易对付的母牛杀死吃肉，所以这里就大量出现了公野牛，它们常常向人和马猛冲过来。

达尔文观赏了高楚人拖倒野牛的敏捷动作，他们一个人把一根套索抛到牛角上，另一个人把另一根套索抛到它的后腿上，霎时间就能把向马猛冲过来的这头公牛拖倒在地。

在福克兰群岛上，野牛不断繁殖，而且十分健壮结实；但一群群野马却在不断地退化，它们个子长得不大，许多野马都害有跛脚病，所以小马经常死掉。

达尔文认为马的跛脚是由蹄子变长所造成的。至于小马的死亡，他认为是由于公马强迫母马抛弃小马而造成的。在任何情况下，变野了的家畜向他清楚地表明，有一些类型的生物比其他一些类型的生物更能适应新的生存条件。

不惧艰苦的旅程

1834 年 4 月 13 日，“贝格尔”号舰停泊在巴塔哥尼亚的圣克鲁斯河上。4 月 18 日，费茨·罗伊舰长一行动身沿圣克鲁斯河上行对该河进行考察。

达尔文发现河谷里到处是光秃秃的沙漠，沙漠上稀稀拉拉地长着一些毫无生气的植物和带刺的灌木。

而动物和往常一样，驼羊很多。沿途碰见了许多脖子脱了臼和骨折的驼羊，这是在秃鹰和白秃鹫的助威下，美洲狮捕猎驼羊留下的痕迹。

灌木丛中有许多经常受到小狐狸追逐的小鼠，它们长着一对犬耳朵和一身软毛。

4 月 26 日，达尔文进一步发现了这里的地质层是变化的。坚硬的石块代替了原来的小砾石，河水从海底上升到地面后流经一块厚厚的玄武岩地层，河道在这里变窄了，船只越来越难行。

陡峭河岸上有的大鸟翅膀伸开有两米多长。在科迪勒拉山脉上，达尔文发现了大量斑岩砾石，他认为这些石头是随冰块一起被冲上海岸的。

5 月 12 日，“贝格尔”号舰结束了对美洲东岸的考察工作，继续向西驶去。6 月 8 日，他们经马格拉景纳河来到了塔尔内角。那里恶劣的天气令人望而生畏，不过到了早上，白皑皑的萨尔明托山的壮丽景象又显露出来了。

沿着狭窄的海峡，“贝格尔”号舰于 6 月 10 日从两大悬崖之间进入太平洋。

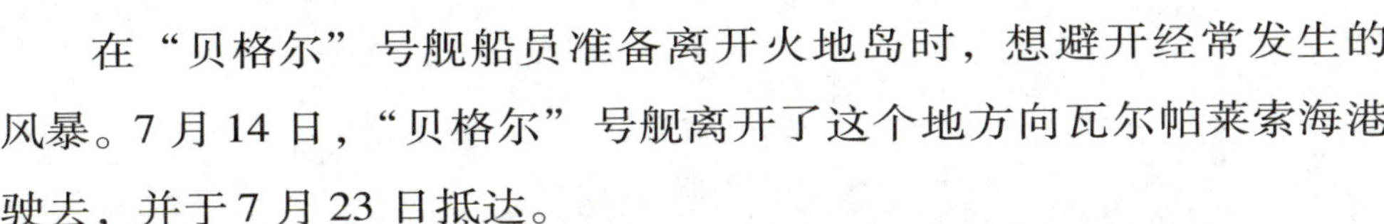

在“贝格尔”号舰船员准备离开火地岛时，想避开经常发生的风暴。7 月 14 日，“贝格尔”号舰离开了这个地方向瓦尔帕莱索海港驶去，并于 7 月 23 日抵达。

这里优美的城市景色和怡人的气候使达尔文心情愉快，尤其是在这里遇到了理查德·科尔菲德，这令他非常高兴。

对于在艰苦旅程后能稍作休息，达尔文感到特别开心。

此时，他非常怀念从前的生活。由于政治观点的分歧，舰长脾气又不太好，他们的关系日趋紧张。达尔文在给同学们的信中表述了这种情况。

当年在校的生活是那样的美好快乐；但是现在同学们都把他忘了，连回信都没有。但他还是竭力向他们诉说旅途中愉快的事情。

如往常一样，达尔文仍把他所搜集的标本都寄给导师汉斯罗，以期待收到他的建议与批评。

用达尔文的话来说，汉斯罗的住所成了这些搜集物的“大本营”。但是，汉斯罗的回信却很不积极。一部分原因是由于海上交通不方便，信很难送到达尔文的手里。

达尔文非常想知道在 1832 年给他寄去的信以及搜集物他是否收到。

与此同时，达尔文仍然继续研究地质学及化石标本，没有人比得上他这种敬业的精神。他很认真地对待他搜集的标本、动物化石，并且列表记录。

当达尔文把这些寄给汉斯罗时还写了封信：“我很想知道你对这些研究成果的看法。”

结果，汉斯罗的回信在一年半后他才收到，同时收到的还有汉斯罗大半年以前发出的信。

由于回信间隔时间太长，以至于达尔文怀疑自己在博物学研究方面的能力，汉斯罗的两封回信给予了达尔文充分的自信。

认识罗沙斯将军

在1834年6月28日的时候，“贝格尔”号舰还曾来到圣卡尔洛斯港。这是奇洛埃岛的港口，这个岛山脉起伏，覆盖着茂密的树林，由于雨水充足，树木发育得很好。

这里居住着印第安混血人种，使用最原始的劳动工具。他们以鱼、马铃薯和猪肉为主食，住在木制的房屋里。

印第安妇女的童年时代和男孩一样快乐。她们和男孩一起爬树干、追小鸟、抓蜥蜴、摸小鱼，甚至捕蛇玩。稍大一点就开始到附近的河边和茂密的森林里去探险，父辈的精神深深地影响了她们，使她们从小就养成了勇敢、沉着和质朴的特有气质。

罗沙斯将军是这个地方的大地主，拥有350平方公里的土地和30万头家畜，他以纪律严格闻名。

每到星期天，喝酒、赌博的人最多，最容易发生打架事件。罗沙斯为了避免伤及人命，便下令禁止当天佩挂小刀，违反者就用手铐铐起来。

罗沙斯将军的营地设在河岸边，他的手下全都是骑兵，并且都是黑人——印第安人和西班牙人的混血种，他们的长相很粗俗，所以罗沙斯将军的营地，看起来就像一个土匪窝。

罗沙斯将军的属下有600个印第安人，个个是彪形大汉。但是由于寒冷、营养不良及野蛮的性情，他们显得面目狰狞，令人望而生畏。

住在营地附近的印第安女人倒是非常漂亮，头发乌溜溜的，编成两条辫子垂到腰际，眼睛又圆又大，炯炯有神，她们的脚和腰部都系着绿色的玻璃珠串。

印第安女人的工作是把货物卸下马背、准备食物以及搭帐篷；男

人则负责作战、狩猎、照顾马匹以及放置马具等。

另外，印第安人制造银器的技术很精巧，因此他们的装饰品及器具大都是用银制成。

当达尔文看到一位酋长的马刺、盔甲、刀柄、衔勒等用具都是银制时，不禁惊叹得说不出话来。

有一个星期天，州长到营地来拜访，罗沙斯像平常一样佩带小刀出迎，他的副官发现了，当场提醒他。

罗沙斯对州长说：“很抱歉，我自己违反了规定，必须戴上手铐。”

州长连忙劝阻，但是罗沙斯仍然坚持戴上手铐，与州长面谈。

罗沙斯这种公平的作风，赢得那些重视平等和权威性的部属的尊敬。

罗沙斯也是一位精于骑术的人，这个国家选拔将军的方式是测验骑术，如果有人不需要马鞍、缰绳，就可把野马从栅栏里骑出来又进去，那么这个人就有资格当将军了。

据说有一位杀人犯被逮捕后，警察问他为什么杀人，他回答：“因为那个人说罗沙斯将军的坏话。”结果，不到一个礼拜，那个杀人犯就被释放了。

达尔文听到许多有关罗沙斯将军的传闻，所以与他会面时心中不禁七上八下的。

达尔文小心翼翼地向罗沙斯打招呼，罗沙斯也很亲切地和他交谈，并且把通行证交给达尔文。

“啊！害我捏一把冷汗，刚刚他说什么，我都忘光了。”达尔文出来之后，一颗扑扑跳的心才平静下来。

有了通行证，达尔文就可以和同伴在这一片开发地自由通行了。这里给达尔文留下了美好的印象。

攀越安第斯山脉

在环球考察中，达尔文一直向往和迷恋的不是海洋而是陆地，是那些等待着他去揭开秘密的陆地。因此，在蜿蜒千里的海岸线上，增添了他用地质锤敲击的斑痕；在群山环抱、草木葱茏的幽谷中，留下了他的足迹；在辽阔的冰川地带，有过他忙碌的身影；在智利刚发生过的大地震灾区，响起过他考察时候询问的声音。

由于有了《地质学原理》的指导，层次分明的海岸地层好像在向他诉说自己的历史；波涛拍打海岸的撞击声，自然界的每一个音响，好像都在表明它们发展变化的步伐；蓝莹莹的冰水携带着冰块倾泻而下，还有那行凶作恶的大地震，好像在向他展现自然界变化的原因。

所有这一切，使他在许多迷惑不解的问题面前豁然开朗。但是他并不满足，他还要攀登新的高峰。

达尔文恳切地要求费茨·罗伊说："舰长，我希望您能够允许我攀登安第斯山脉。"

"不是开玩笑吧？我的博物学家。"费茨·罗伊惊讶地说，"你知道安第斯山的险峻吗？"

"据说它是绵延5500多公里的山脉，最高峰有6900多米。正因为它这样的雄伟，所以希望您允许我去一趟。"

"我可不希望在安第斯山脚下为您主持追悼仪式，达尔文先生！"

"不会的，舰长，"达尔文再次恳求说，"请您能够理解我渴望揭开安第斯山秘密的心情。"

"多少人去？"

“我准备一个人去，也许沙利文也要去。”

“马顿斯呢?”

“他对这个不感兴趣，他想多画一些关于风土人情的画。”

“人太少了可不行!”费茨·罗伊停了一下说，“不过，我可以设法选人给您找两个向导，配备几匹骡马。”

“那太感谢您了，费茨·罗伊先生。”

1835年3月中旬，达尔文一行三人向安第斯山进发。和达尔文同行的是两个雇工：一个叫马利雅诺·冈萨列斯，他曾经伴随达尔文在智利进行过考察；另一个叫可利叶罗，他是赶骡人，带着十头骡子和一匹领头的牧马。

达尔文他们来到了安第斯山脉海拔4200多米高的地方，发现了贝壳化石。这些曾经在海底爬行的软体动物，现在却上升到这样高的山上来了。它们是安第斯山脉逐渐上升的有力证据，也是达尔文在这里的重要发现。

世界上高山的年龄彼此相差是很大的。别看安第斯山脉那样连绵不断，高耸入云，它的悬崖峭壁威严吓人，达尔文根据发现的贝壳化石却断定它是山脉中最年轻的，那些巨大的山峰是被一次长时间的地震从海底挤出来的。

达尔文一行继续攀登，空气更加稀薄了。由于气压不断降低，在不太高的温度下水就烧开了，可是煮马铃薯，一天一夜都煮不烂。

他们终于来到了山脊的顶端。马利雅诺和赶骡人高兴得跳了起来。达尔文却只顾欣赏这里的风光：蔚蓝色的天空，沉睡的山谷，银装素裹的大雪山，几只鹰在空中盘旋。清新的空气，缥缈的远景，还有那死一般的寂静使他陶醉了，恍惚中好像自己在倾听乐队演奏的《弥撒曲》，进入了另外一个世界。

就像登山队员攀登上顶峰，科学家有了重大的发现，达尔文应该有权利同时享受这两种喜悦。但是，他却感到安第斯山只是整个旅程中的一个驿站，在这里的新发现不过是为赖尔的理论增添了新的事实。

他还有一个新的难题萦绕在心头，那就是安第斯山两侧的生物，几乎都处在相同的经度上，气候和土壤条件也差不多，为什么它们竟有这样明显的不同呢？

这会是由于山脉起着巨大的障壁作用的结果吗？不，问题恰恰就在于山脉两侧的生物是不是被分别创造出来的？物种会不会变异？而赖尔的判断是根据物种不变的假定得出来的。

赖尔的地质渐变的理论和研究方法确实帮助达尔文解决了许多难题，可是对赖尔坚持的物种不变的观点，他却渐渐产生了怀疑。这是几年来的考察生活使他饱览了大自然中千姿百态、竞相争艳的奇花异草，千种彩蝶，万类昆虫，以及珍禽异兽、罕见的化石之后逐渐形成的。

达尔文，这个雄心勃勃的青年，由于对赖尔的物种不变的观点有了怀疑，所以就突破了原来的研究地质学和无脊椎动物的考察计划，开始到更广阔的领域里去遨游，探究到底是什么力量把大自然装饰得这样壮丽、美好，为什么动植物化石虽然古老却和今天相似，为什么南美洲从南向北同种动植物的形貌不完全相同。难道物种真是按照上帝创造的数目不增不减，千古不变的吗？

在最后这个重大的问题上，思想一旦迸发出闪光的火花，就会使他在整个环球考察期间的其他发现和收获黯然失色。

达尔文的思想也不是凭空得来的。早在1832年9月和1833年8月，达尔文曾经先后两次在彭塔阿尔塔做考察。有一次，他和几个考察队员骑着马向巴姆巴斯草原前进，忽然闻到一阵恶臭。经过仔细查找，发现这种臭味原来是一对动物散发出来的。它们倚仗这种特殊“武器”，大白天竟敢在广阔的草原上结伴活动。如果碰到猎狗的进攻，它们能够从肛门分泌臭液进行自卫。

他们对周围的地质情况做了考察，证明属于新生代第三纪。现在，巴姆巴斯草原及其湿地海拔大约四米半至六米。他想，大概当这些四足兽的尸体还没有腐烂的时候，就同贝壳之类一起沉积海底，埋藏到现在。这些贝壳跟现在生活在海里的软体动物又是相同的。达尔文推断，当这些野兽生存的时候，海里已经住满了很多现存的生物。

因此，当时的植物界大概也和现在相像，并不十分繁茂。从前地质学家们认为巨兽需要繁茂的植物。这个结论看来并不具有普遍意义。

更重要的是，达尔文对箭齿兽做了详细的分析研究。从箭齿兽的牙齿来看它同现存的啮齿类有密切的关系，可是，从它的眼睛、耳朵和鼻孔的位置来看，却又像鱼类和海牛，而其他的结构又同厚皮动物相像，达尔文感到十分惊奇。

为什么在一种已经绝灭的箭齿兽身上集中了几种现代完全不同类型动物的特征呢？它怎么既像陆上动物，又像海中动物呢？现存的动物跟它有什么关系呢？这一系列的问题使达尔文第一次开始思考“秘密中的秘密——新的生物在世界上初次出现”的问题。

从此，达尔文的思想随着考察的进展不断地向前发展起来，同时展开了激烈的思想斗争。这种斗争的一个方面是过去老师传授的关于物种不变的传统观念，最近得到的赖尔《地质学原理》第二卷也是这样说的，《圣经》上记载关于上帝创造万物的教义更是不容置疑的“真理”。

因此，他在早期的《考察日记》里总是用这些传统的观念来解释生物世界，说什么上帝有一个“伟大的计划……生物就是根据这个计划被创造出来的”等。可是另一方面，他却观察到了同这些传统观念完全相反的大量事实，是物种不变的理论没法解释的。达尔文不得不对这些旧观念产生了怀疑。是维护传统观念，还是尊重客观事实？他展开了激烈的思想斗争。

达尔文在白湾镇发现了一种头部呈三角形的蛇，根据它牙齿的毒槽大小可以断定是一种剧毒蛇。那毒蛇既具有一般蛇的构造，又具有响尾蛇的特征。他终于认识到任何构造不同的生物，它们的每个特征都有一种“逐渐缓慢变异的倾向”。

他把南美洲的古生物同北美洲的古生物做了比较以后，推测出南北美洲在最近地质时期里产生的几类动物是相同的，这些陆生动物的性质、相互之间的亲缘关系，可能比现在更近。同时，南美洲从北向南，古今同类动植物形态的逐渐趋向变异，又使达尔文不能不深思这样一个问题：物种在随着气候、环境的逐渐变化而不断地发生变异。

经过24天艰苦卓绝的考察旅行，达尔文一行终于越过了安第斯山脉，在通过一片浩瀚的动植物分布区以后，他们又回到了“贝格尔”号舰上。安第斯山脉地层考察虽然结束了，可是那个“秘密中的秘密——新的生物在世界上初次出现”的问题，却一直萦绕在达尔文的脑海之中。

带病坚持科考工作

在对安第斯山脉结束考察后不久，达尔文便雇了一名向导和几匹强壮的马匹，开始了对海拔近2000米的钟山的考察。

钟山南坡上长着一片竹林和一些与众不同的棕榈树，树身很粗，最粗的地方是树高的一半。居民们经常取出这些棕榈的树汁作为糖浆食用。

晚上，在河岸的最高处宿营，天气非常晴朗，空气洁净，在10多公里之内，可以看见停泊在瓦尔帕莱索湾的船只上的一根根桅杆，恰似一条条细线。翌日清晨，他们到达山顶，在那里待了整整两天。

在山顶上，达尔文往山巅之西眺望，便可看到智利，智利就像呈现在地图上那样清楚，往山巅之东眺望，便可看到安第斯山脉。该山脉有一条相当平直的山脊，在雪线的左边向前延伸，只是有时被一个孤立的圆锥形的火山中断。

两天后，达尔文下山，穿过靠近基尔奥塔和圣费利佩这两个小城市的美丽如画的河谷，继续往前走。下山的第二天晚上，他到达位于主要山脉侧面的哈胡耶尔铜矿场，在那里待了五天。

十几天后，他又上路到智利首都圣地亚哥，一路之上尽情观赏大雪所覆盖的阿空加瓜火山和科迪勒拉山脉。接着，他又登上了一个比圣地亚哥所在的大平原稍高的矮山岭。达尔文认为，这个平原是从前的内海的海底。

达尔文在圣地亚哥住了约一个星期，决定绕道继续往南走，到了波浪汹涌的马伊普河河边。河上架着一座吊桥，甚至连一个人牵着一匹马的重量，都使它摇晃不已，要从这种桥上走过去是相当冒险的。但另一条小河卡察普阿尔河，却连这种吊桥也没有，所以不得不骑着马过河，这也是件很不愉快的事情。这条河的河谷里有几处考凯纳斯温泉，因为能治病而驰名四方。

达尔文得知这些泉水夏季要比冬季更多更热。但是夏季几乎是滴雨不下，所以这就使达尔文推测到，地下水源与在夏季里由于山上积雪的融化而形成的急流有关，虽然这些山离温泉有十几公里远。这些雪水首先渗入高温区，然后再流到考凯纳斯地区的地面上。

达尔文又渡过克拉罗河，来到距圣地亚哥以南二十公里左右的圣费尔南多。后又往西拐向大海，浏览了以浮岛著称的塔关湖。

达尔文同时参观了一个浮岛。这座浮岛是由许多枯树枝堆积而成的，表面上还长了其他的植物，岛的形状是圆形的，高度是1.2米至1.8米，大部分沉入水中。由于这座岛经常在湖面上随风飘浮，所以被称为浮岛。

达尔文还勘察了金矿，为此又花费了四天时间。他发现这座山到处有挖掘的痕迹。

一个星期后，达尔文在折回途中经过一个美国人经营的金矿。这个国家的土地都掌握在少数几位大地主手中，他们只分配少许的田地给佃农，这些佃农便必须终身为大地主义务工作。等到他们的子孙长大也能为地主工作时，佃农也已经老得无法耕作自己的那块土地了。

金矿工人都显出疲惫不堪的样子：他们必须把很重的矿石从地下背到地面上来。他们把搬运来的这种矿石运到磨房，把它磨成细粉，然后再把矿泥排进矿池里，矿泥在矿池里沉淀。随着矿泥硬化，各种盐就在表面上晶化。一两天后，再淘洗它们，就淘出黄金来。

这一过程得重复好几次。矿工们干着这样繁重的工作，却只吃一些煮熟的豆子和面包。照达尔文所观察到的情况来看，矿工们得到的工资就已经够微薄的了，但是必须服劳役的农奴在这里的生活却比矿工们还要苦。

达尔文在智利最常见的动物是一种又称为“彪马”的美洲狮，

它们分布在广大的赤道森林、巴塔哥尼亚沙漠及火地岛的潮湿地带，甚至3000多米高的安第斯山脉中，也都有美洲狮的足迹。

拉布拉他地区的美洲狮主要是抓鹿和鸵鸟充饥，但在智利这地方很少看到鹿和鸵鸟，所以美洲狮专门猎食牛和马。

“它用什么方法杀死那些动物?”达尔文问当地的居民。

“很简单，它只要跳到对方的背上，用前爪把颈骨折断就成了。”

“怪不得我沿路看到许多脖子被折断的骆驼骨骸，原来都是美洲狮的杰作。”达尔文恍然大悟。

这位居民继续说：“美洲狮在饱餐一顿之后，会用小树枝把猎物的尸体掩藏起来，不愿留一块肉给在上空等待的老鹰，甚至还会把老鹰赶走。它这种独享猎物的习性，虽然满足了口腹之欲，但也因此带来了横祸。”

“为什么?”

“因为只要看见一群飞上飞下的老鹰，我们就知道那儿一定是美洲狮的落脚处。”

“你们用什么方法去抓那些美洲狮?”达尔文很好奇地问。

“要捕捉美洲狮很简单，只要丢石球去缠住美洲狮的脚，然后丢绳套把它绑起来拖着走，拖到它断气为止。另一种方法是，先将美洲狮赶到树上或草丛里，再用枪射杀，或放狗去咬死已受枪伤的美洲狮。追逐美洲狮专用的狗称为‘雷欧尼洛斯’，体型很小，但是追美洲狮却有独特的能力。”

接着，这位居民又补充了几句，算是夸奖美洲狮：“它很聪明哟!当它被围攻时，经常会往反方向逃走，有时，也会急中生智，‘刷’一声向旁边躲开，让紧追不舍的‘雷欧尼洛斯’一下子摸不着头绪，而且它很勇敢，即使受了伤，也很少呻吟。”

达尔文说：“嗯！美洲狮的确很勇敢。”

“跟人一样嘛！要适应生活，不得不勇敢一点。”

达尔文对居民会心一笑，又继续他的观察研究，这一次他把注意力集中到鸟类方面。

这里常见的鸟类有两种，智利人称为“叶尔滋路可”和“巴可洛”。“叶尔滋路可”长脚短尾巴，有尖锐的嘴巴和茶红色的羽毛，它把鸟巢筑在深洞里，四周铺上干燥的草堆，它不善于飞行，经常用长脚迅速地跑步，并且发出尖叫声。

“巴可洛”总是把尾巴翘得高高的，它不会飞，不能像其他鸟类一样在屋顶上筑巢，所以通常栖身在围墙底下。

达尔文仔细记下它们的特性与模样，作为研究生物的参考资料。达尔文骑马走的路都是用圆木横铺而成的。因为太阳光线穿不进常绿森林，所以地面松软、泥泞。大地被河谷切割开来，分离成很多小岛，平坦的地方，完全被一片不能通行的深绿色的森林覆盖起来。

有些地方可以经常看见茅屋。在这片大陆上，出现了三座正在喷出一团团浓烟的巨大的活火山。每座火山的高度都有2000米左右。

安第斯山脉本身在这里要比在瓦尔帕莱索附近的山脉矮得多。沿途所见的居民，就外貌来看，都是有着红铜面孔的典型的纯种印第安人，他们住得很分散。

达尔文在归途中病得很厉害，回到瓦尔帕莱索就完全病倒了，但他决定要更加努力地在南美洲西岸进行工作，乘“贝格尔”号舰到一些岛屿上去考察，广泛利用在大陆上所用的老办法，即雇用向导、马匹和骡子，走完所拟定的行程。他始终没放弃越过科迪勒拉山脉的念头。

领略优美的风光

1834 年 12 月 30 日，“贝格尔”号舰在特烈斯蒙特斯半岛最北端的一个小港里停泊。第二天，达尔文与同伴一起，历尽千辛万苦爬上了一座海拔 700 米的高山。在那里他们看见了由花岗岩组成的科迪勒拉山脉的主脉。在花岗岩上有一层呈手指状的雉堞的云母页岩。

1835 年初，“贝格尔”号舰围着这个小海湾绕行一周。途中达尔文他们看到了无数的海豹。

达尔文看到许许多多的海豹，它们聚集在平坦的岩石上，舒舒服服地躺着晒太阳。达尔文乘着一艘小船经过时，大大小小的海豹都慌慌张张地跳进水里。

一会儿，它们又冒出头来，伸长脖子，目不转睛地瞪着达尔文。达尔文露出一丝善意的微笑。

这时候，海豹的背后飞来了一群红色的兀鹰，不怀好意地盯着海豹。

达尔文脸色一变，立刻不停地挥舞着双手，海豹好像懂得他的意思，纷纷潜到海里去了。

那群秃鹰眼看大餐没希望了，只好悻悻地离去。

达尔文确定海豹没有危险后，就向它们摆摆手，和其他人上岸去观察岛上的生物。

除了时刻窥视着这些海豹的兀鹰，达尔文还在这里发现两种珍奇的鸟，一种鸟当地人称为“九鹤”的鸟，住在潮湿黑暗的森林里，它常翘着小小的尾巴，在树枝上飞来飞去，并且发出各种不同的叫声，当地的居民就根据它的声音来判断吉凶。另一种鸟名叫“奇丝”，因为它的叫声很像小狗，所以英国人又称它为“吠鸟”。“奇丝”像“九鹤”一样，只会让人听到叫声，却找不到它隐身的地方。

达尔文还发现了一种大海燕，不但会潜水，也会飞行。最令达尔文吃惊的是，大海燕的猎物竟然是海鸥，达尔文心想：“海燕吃海鸥，海鸥吃小鱼，真是一物克一物。”

在奇洛埃岛和乔诺斯群岛上还有一种身体较大、叫声像狗的“吉德吉德”鸟。有趣的是，这种特殊的鸟与智利中部的土耳其鸟和塔巴科洛鸟有着血缘关系。总之，虽然鸟的叫声不同，但在智利部落中还可以见到。

乔诺斯群岛的海面上时常出现凶猛的大海燕。其中有一种别拉德海燕令达尔文很惊讶，如果按照它的习惯和身体构造很难看出它到底属于哪一种。这种海燕的胆子特别小，它们一旦受到惊吓就会躲到水里，过很长一段时间才敢再出来飞到空中。

在空中直线飞行了一段时间后，它又会重新潜入水中。从它嘴和鼻孔的形状以及腿的长度都不难看出它是海燕，它有潜水的习性，它的脚爪跟海雀极为相似。

乔诺斯群岛上的树木比奇洛埃岛上的树木更像火地岛上的树木，因为乔诺斯群岛上的山毛榉很常见，特别值得注意的是，苔藓植物、地衣植物和小型蕨类植物的种类繁多，数量很大。西海岸群岛就像火地岛一样，泥炭形成的过程都是急剧的。

在乔诺斯群岛上，达尔文从为数极少的哺乳动物中指出了两种水栖动物：一种是小海獭，它不仅吃鱼类，而且也捕食大量漂浮的小螃蟹；另一种是啮齿动物鼬，它有一条又大又长的尾巴，一身珍贵的漂亮毛皮。

此外，达尔文在这里曾捉到一种当地小鼠，这种小鼠在许多岛屿上都有，这引起了他的深思。

1 月 18 日，“贝格尔”号舰又回到了圣卡洛斯海湾。第二天夜

里，奥索尔诺火山爆发了。

当时，一位值夜班的船员跑进舱房摇醒达尔文：“快！快！天上出现许多像星星一样会发亮的小东西。”

达尔文抓起望远镜就冲到甲板上。他看到了这一奇异而又壮丽的景象，火山直至凌晨时分才平静下来。后来，达尔文才知道，远在770公里外的阿空加瓜火山，在4300公里以外的果塞奇那火山同时喷出岩浆。

果塞奇那火山已经有26年没有爆发了，而阿空加瓜火山也很少活动，这次竟然发生连锁性的火山爆发，真是令人惊讶。六个小时后，其北部的科谢圭钠火山爆发，还发生了大地震。

1月23日，他们到达美丽的卡斯特罗。达尔文将带来的介绍信给了当地的彼得罗先生，受到了热情的接待，接受了彼得罗为他们雇的马匹，并在他的陪伴下沿海岸往南走去。

他们于1月28日回到圣卡洛斯，达尔文做了一段时间的整理工作。3月，达尔文在“贝格尔”号舰驶进康塞普西翁市时，登上了基里基纳岛。

他在这里首先看到的是大地震给这里带来的毁灭性的后果。达尔文很快得出结论：“地震真是威胁人类的罪魁祸首之一。”他一点一点地研究了地震后岩石层发生的变化，地面也在这次地震中产生了许多裂缝。

因为地震在白天发生，不少人都能逃命，所以死亡人数并不太多。但是震后不久，由地震引发的海浪风暴却卷走了许多沿海的房屋和树木。

3月7日，“贝格尔”号舰起航向瓦尔帕莱索驶去，于11日抵达那里。过了两天，达尔文出发上路，以便实现他越过科迪勒拉山脉的夙愿。在圣地亚哥，他早就做好了一切必要的准备。

达尔文从平常人们在这里通过的两个山口中挑选了最近的、险峻的波尔季利奥山口，以便在归途中能更加容易地越过另一个乌斯帕拉塔山口。

3月18日，达尔文离开了圣地亚哥，带着一名向导和一名赶着几匹骡子的人，好不容易才到达肥沃的马伊普河河谷。

达尔文对于这种“愉快而又自由自在的”旅行方式，在《考察日记》中是这样描述的：

> 我们在有人居住的地方购买到一些木柴，租用一块牧场给骡子吃草，并且在这里露宿。我们自己带着铁锅，在晴朗无云的天空下，一面无忧无虑地安顿住宿，一面用铁锅烧煮晚饭。
>
> 当时，我有两个同伴：一个是马利雅诺·冈萨列斯，他以前曾伴随我在智利旅行；另一个是可利叶罗，他一个人赶着十匹骡子。

达尔文感到惊异的是，长着细腿的骡子竟能驮运骡队给它们装载的如此重的东西。骡子在平原要驮运200多公斤，在山地也要驮运将近150公斤的重物。

在科迪勒拉山脉的一些主要河谷的两侧3000米左右的高处，升起了一块块由粗糙的砾石和沙土组成的阶地。达尔文认为，这里的地质现象和南美洲东岸的地质现象一样，而南美洲东岸的地质史，主要归结为这些海岸在逐渐上升。他认为，这些阶地是在海水浸没智利的时候沉积下来的，这种浸没也正像在目前地质时期海水浸没智利更南的海岸的情形一样。

达尔文在《考察日记》中富有诗意地写道：

> 马伊普河沿着巨大的圆石块奔流时所发出来的咆哮声不

亚于海的怒吼声。甚至在很远的地方，也可以清楚地分辨出在奔腾河水的喧嚷声里面所夹杂石块互相撞击的声音。

在这条河的所有地方，不论白天或者夜里，都可以听到这些声音。这种声音向地质学家雄辩地说明：被吸引到同一方面来的成千上万块石头在彼此互相撞击着，发出一种低沉的单调的喧嚣。

3 月 19 日，达尔文在攀登科迪勒拉山脉时遇到了许多牛群，当时牧人们已把它们往山下赶。冬季即将来临了，在山顶上他们发现了几处矿藏，在智利北部的山区可以经常发现矿物。越往上爬，植物就越少，但是出现了一些漂亮的山花，而禽兽和昆虫却几乎看不到了。

达尔文指出他在其他地方没有看到过安第斯山那样的情况：两边是阶地或是平原，第二层次是完全裸露的颜色鲜亮的山丘，第三层次是连绵不断的岩脉，第四层次是因地层分布而显现出来的美丽景色，最后是由颜色鲜亮的岩石片所构成的圆锥形石堆，从高山基部升起，有时竟高达 2000 多米。

达尔文直至 3 月 20 日夜晚才到达耶奈谷。耶奈谷地形似一口铁锅，又称为石膏谷地，这里的石膏厚度达 1000 多米。3 月 21 日，他来到了山麓下，这条山脉将许多河流分成两股，分别流往太平洋和大西洋。他沿着安第斯山的支脉彼乌克涅斯山脉前行，这里的道路崎岖不平，非常难走。

这个山脉是由红砂岩、砾岩层和泥贝岩组成的。他们一直走至中午才到安第斯山的支脉彼乌克涅斯山脉。这里的空气稀薄，有人建议用葱来帮助呼吸，但是对于达尔文这个工作狂，只有化石才能让他忘掉这一切。考察队继续前进，来到了常年积雪的山顶地带，展现在达尔文面前的是另一番天地。

达尔文以他那敏锐的观察力发现雪地上有一些红色的类似于骡蹄

印的印迹。达尔文原以为是风吹过来的灰尘，但是这种印迹还能被刮下来留在纸上，经研究这是一种水草微粒，它们能够把雪地染成红色。他们扎下帐篷，由于各种原因他们点不着火，烧不开水，过着艰苦的生活。

山里的天气说变就变。3 月 24 日，天上美丽的云朵不见了，但是达尔文仍能清晰地观赏到山下潘帕斯平原的无限风光。后来他下了山并在山下住了一宿，第二天他朝东走过了一个沼泽地，踏上平原，用了两天的时间来到了门多萨。

到了那里不久，达尔文就把天上飞翔的一大片蝗虫当成是被大火映红的乌云。好大一块空间都被这些害虫占据着，由于数量极多，以至于它们拍动翅膀发出的声音就像是在刮一场大风或者说像在打雷。当这些害虫落在地面吃庄稼和野草的时候，整个地面都由原来绿油油的一片，变成了淡红色的一片了。

提出地质考察结论

1835年3月29日，达尔文返回智利时，途经乌斯帕利亚诺山脉。

乌斯帕利亚诺山脉和主脉平行，位于海拔1700米的狭长的平原上。这个山脉的地质结构和太平洋海岸的第三纪地层相似，这使达尔文设想，这里应有石化了的树木的遗迹。而达尔文确实在将近2000米的高处，在光秃秃的山坡上，看到了几根彼此相距不太远的雪白的柱子，柱子的周长不等。

这是属于南美杉科石化了的树木，它们的外形给达尔文留下了强烈的印象。要了解这种情景指明什么样的神奇事件，就必须具备地质学方面的一些知识。它使达尔文感到非常惊奇，以致他简直不相信这种目睹的事实。

达尔文看到，这些树木从一块火山质土壤的地面上生长出来，而这块干燥的土地本是先上升到海面以上，后来又连同着它上面的树木一齐沉没到海洋的深处。

在这样深的海底，这一块过去是干燥的土地，就被沉积层所覆盖，而这些沉积层又被海底的熔岩巨流所覆盖。

达尔文经过横跨在峡谷之上的天然石拱门普恩特德因卡斯，继续到中央主脉去旅行。

4月10日，达尔文终于到达了圣地亚哥，在二十几天之内两次越过科迪勒拉山脉。几天后，他又返回至瓦尔帕莱索。达尔文在给姐姐苏珊的信中是这样描述他的这次考察在地质方面所取得的成果的：

我可以清楚地证明，那两个山脉中的一个山脉，在年代上比另一个要早得多。较为古老的那个山脉是真正的安第斯山脉，我能够叙述构成这一山脉的岩石的种类和先后顺序。

这些山脉的主要特点在于它们生有很厚的石膏层。我认为这里石膏的数量是举世无双的。但更为重要的是，我已找到了一些贝壳化石。

这些近代地层是非常引人注意的，因为里面贯穿着金、银、铜等金属矿脉；迄今为止，这些都被认为是属于较古老的地质层系的。

达尔文在给汉斯罗的信中，还特别详细地叙述了自己关于地质论断的结论。当汉斯罗收到自己以前曾经有些幼稚的学生和朋友的来信时，果然感到惊奇。

这个学生竟成长为一个学者，能把对南美洲西岸和东岸的地质情况和科迪勒拉山脉的地质情况进行考察的大量材料融会贯通，并做出了严谨的、尽管还是初步的结论。

1835 年 11 月 16 日，汉斯罗在剑桥大学哲学系会上，宣读了达尔文这些来信的摘要。

摘要在这里很受欢迎，汉斯罗就以小册子的形式部分地印刷了这些书信摘要，分发给学会会员们。

应当认为，这些摘要是为达尔文从前的老师塞治威克做报道用的，他比汉斯罗晚两天在伦敦地质学会上宣读了这个报道。所有这一切，达尔文只是在旅行快要结束时才知道。

现在，达尔文已是一位能在考察中得出自己结论的严肃的地质学家和学者。正像他本人从秘鲁写给福克斯的信中所说的那样，已变成赖尔观点的虔诚信徒，在南美洲的地质调查中，他试图在某种程度上运用这些观点，甚至超过了赖尔本人。

对智利北部的调查

1835年4月7日，达尔文决定再到智利北部地区去旅行，以期在矿山和当地土著遗址存留中获取更多的地质信息。预定的旅行路线是沿海城市科金博、瓦斯科和科皮亚波。

达尔文他们全都骑着马，只有行李用骡子驮着。考察路线是穿过钟山山麓的基尔奥塔河谷。这一地区盛产黄金，当地居民都以淘金为生。然后考察者们转向海岸。

智利中部地区所特有的树木和灌木很快就消失了，被与丝兰属相似的高大植物所代替。这一地区变得越来越贫瘠。达尔文觉察到，木本科植物和其他植物种子对海岸各地区的降雨量有着多种适应性。

5月4日，达尔文他们转向内地，又往前走到矿场很多的洛斯奥尔诺斯区，这里的山上钻满了窟窿，就像巨大的蚂蚁窝一样。

达尔文检查了一下，矿工们所背的沉重的矿物，平均都超过了90公斤。他们一天要从70米深的矿井里背12次矿石。在这几次的间隔时间里，他们还要搜集和敲碎矿石。达尔文在他的日记中指出：

虽然我也知道，他们的劳动是自愿的，但是在看到他们从矿井里面爬到井口的那种情形时，就不能不感到十分愤慨：他们的身体向前弯曲，用自己的双臂倚靠在梯级上，他们的双腿弯曲着，他们的全身肌肉绷得紧紧的，脸上的汗珠像雨点一般地直淌到胸口，鼻孔张得很大，嘴角向后咧着，呼吸非常急促。他们每喘一口气，总要发出“唉！唉！”的叫喊声，这个叫喊声是来自胸部深处，它像警笛一样刺耳。

他们摇摇晃晃地走到矿堆旁边，把自己的大背筐里面的矿石倒出来，喘息两三秒钟，揩拭一下额角上的汗珠，好像已经完全恢复了力气，于是又急忙爬下矿井去。

5 月 14 日，达尔文来到了科金博这座拥有七八千名居民的寂静城市。晚上，这里发生了一次强烈的地震，人们慌乱起来。达尔文听到一种在地震发生以前的隆隆声，但是由于发生了骚动，未能觉察到地震的晃动。

无论是在途中还是在科金博，达尔文大都是从事地质调查，特别感兴趣的是阶梯形的砾石阶地，在这里，这些阶地也像在智利的其他地方和在圣克鲁斯河河谷一样，都证明了阶地是由于海水的冲刷而形成的，并证明了陆地逐渐上升的过程。

5 月 21 日，达尔文参观了阿劳科矿区，然后又动身到肥沃的、遍布葡萄园和果树园的科金博河谷，并在那里待了几天。6 月 2 日，他开始重新沿着海岸往北到瓦斯科去旅行。

这里的土地都是荒漠，几乎一点绿色也没有。只有陆生螺轮蜗牛在最干燥的地方集结成一大堆一大堆，以便在春天当有一种它们赖以为生的小植物长出叶子来时，它们好复活过来。

6 月 4 日，达尔文继续沿着有大群驼羊正在吃草的荒凉的平原赶路。平原上的不毛之地越来越多。他费了好大的劲用高价才买到了一捆污秽的干草，给马匹做晚上的饲料。人们说，这里已有一年多没下雨了。

6 月 12 日，达尔文终于到达了科皮亚波河谷，可以松口气了。“贝格尔”号舰还没有到，看来还得一个星期左右才能到达。达尔文利用这段时间，雇了一名向导和八匹骡子，带上足够的饲料，沿途观看特殊形式的无人谷。

无人谷大概有好几个世纪没下过雨了，而且正如达尔文所认为的那样，河谷也是由海水冲刷而成的。

但是后来达尔文在这个无水的沙漠里，碰见了用黏土建造得非常坚固的七八间古印第安人住过的房屋废墟。

后来在秘鲁，有一位特别了解该地区的土木工程师吉尔向达尔文解释了这种现象。他说，有时可以碰见古秘鲁人在山里开凿的灌溉系统和人工水道。

后来，由于这里经常发生地震，破坏建筑物或使河流发生堵塞，时常使得河水改道，这些灌溉渠就全被遗弃和部分遭到毁坏。

达尔文费了很大的劲才雇到了一名向导和几头骡子，以便到伊基克的硝石矿场走一趟。

达尔文在这里看到的这一真正的荒漠并没有给他留下很深刻的印象，因为这里的景象很像在智利北部的情景。

该地的特征是地面上覆盖着一层很厚的普通食盐和成层的盐土层，而这种食盐层和盐土层大概是在这一地方逐渐上升到海面上的时候沉积下来的。这种地面的整个外形，非常像已经下过雪但尚未融化而弄得很脏的地方。

达尔文参观了位于海拔 1000 米高处的硝石场后，返回伊基克，当时“贝格尔”号舰已准备起锚，继续驶往利马。虽然“贝格尔”号舰已处于热带地区，但由于海洋掀起波浪，冬季阴沉的乌云遮蔽了天空，所以气温还不算很高。

7 月 19 日，“贝格尔”号舰停泊在秘鲁的首都利马的沿海港卡亚俄。就是在这里，也使人感到冬季即将来临。天空经常布满乌云，卡亚俄经常笼罩着浓雾，人们的衣裳经常是湿漉漉的。

沿岸许多死水塘使得疟疾的传播很广，在达尔文所处的那个时代，人们认为这种疟疾的发生，是由一种来自沼泽中的有害气体“瘴气”导致的。

使达尔文感到特别遗憾的是，秘鲁这时正处于无政府状态之中。四名将军正在相互争夺最高权力，所以就不能到稍远一点的地方去考察。达尔文只去了利马一次，他在那里待了几天。

在这次考察中，达尔文仔细观看了古秘鲁人村庄的废墟、灌溉渠和古墓，这些都使他联想到，在欧洲人来到之前，这里居住的古代民族已经具有很高的文化水平了。

形成物种变异观念

达尔文回到“贝格尔”号舰后，“贝格尔”号舰于1835年9月23日驶往查理岛。达尔文竭力从这个岛上搜集各种动物和植物，以便像他在《航海日记》中所写的那样，“在将来的比较中弄清楚，这个群岛上的有秩序的生物应当属于生物的哪个范围或哪个中心”。

1835年10月29日，“贝格尔”号舰绕过查理岛的西南端后，通过了这个岛和纳尔博罗岛之间的海面，晚上停泊在阿尔贝马尔岛的邦克湾。第二天早晨，达尔文上岸开始了对加拉帕戈斯群岛的考察。

这个群岛虽然位于赤道上，但是由于低温洋流的影响，并不像南美洲同纬度地区那样炎热，不过雨水极少，土地贫瘠，到处是火成岩。在那干燥的低地上，稀稀落落地长着一些灌木、小草和各种奇形怪状的仙人掌。

群岛上布满了火山，大约有2000个大火山口，有的火山口正在喷着浓烟，岩浆流过的地方更是寸草不生，显得十分荒凉。

在加拉帕戈斯群岛的每个岛屿上，都可以遇到不少行动蹒跚的大海龟。这些庞然大物居住在干燥的低地上，只能靠吃仙人掌过活，如果有一块湿地面，就是它们的乐园了，在那儿可以吃到一些树叶、浆果和地衣。

在靠近水源的地方，达尔文看到了一幅非常有趣的画面：一对已经喝饱水的大海龟刚要向原地爬去，另一队又伸长着头颈匆匆地向水源前进。大海龟一到水边就一头伸进水里，贪婪地喝个不停，直到喝够了才肯离开。

它们不但把肚子喝得胀鼓鼓的，而且还在膀胱和心囊里注满了水。当地居民在干旱地区行走，口渴难忍的时候，就杀死一只海龟，喝掉它膀胱和心囊里的液体。

“先生，您尝尝看，比得上你们的咖啡吗？”当地居民热情地邀请达尔文同他们同饮。

出于好奇心，达尔文品尝了它的滋味：“嗯，稍微有点苦，但是很可口。不过，还是心囊里储存的水滋味最美。”

“用海龟肉炖的汤就更鲜美了。我们都是流放到这里来的犯人，现在定居下来，主要就是靠这种海龟肉生活的。”

达尔文听说不同岛上的龟形状不同，连忙问那些当地居民：“为什么各个岛上龟的形状不一样？”

“这个问题您应该去问上帝，为什么不在每个岛上创造出味道同样鲜美的海龟来，”一个当地居民不耐烦地说，“我们只知道从龟背的形状来识别它是哪个岛上产的，味道好不好吃。”

那人的一席话，又把达尔文的思想引到了那个“秘密中的秘密——新的生物在世界上初次出现”的问题上。一群彼此距离很近的岛屿，地质构造和气候条件都相同，高度也差不多，为什么同一个物种的生物在每个岛屿上会不一样呢？

他比以前任何时候更加摆脱不了这个问题，就带着这个问题继续进行考察。

达尔文考察了一个很大的椭圆形火山口，在火山口底有一个蓝色的浅湖，难以忍受的炎热和灰尘使达尔文喘不过气来。于是他急速地来到浅湖处，贪婪地去喝水，但是水却咸得很。

在沿岸的悬崖峭壁上，有很多灰黑色大蜥蜴，它们差不多有几米长。而在丘岗上，则有很多另一种蜥蜴在跑来跑去，这种蜥蜴呈棕褐色，样子很难看。

前一种蜥蜴，脚上长有能游水的蹼，蹼的边缘处被蜥蜴的尾巴压成了扁的。这种蜥蜴常常能游到离岸好几百米远的地方。达尔文把这种蜥蜴的胃剖开后，发现它们吃的几乎全是海中的藻类。这种海里的蜥蜴在这里所有的岛上都能看到。

陆地上的那种蜥蜴，尾巴是圆的，脚趾之间没有蹼。这种蜥蜴只有在阿尔贝马尔岛、詹姆斯岛、巴林顿岛和英第法替给勃尔岛上才能看到，而在南面和北面的很多岛上却碰不到。

陆地上的蜥蜴也吃植物，它们吃仙人掌、各种树叶，特别是洋槐树叶和一种酸果。雄蜥蜴身体的颜色，在一些岛屿上全是灰暗色的，而在另外一些岛屿上却是十分鲜艳的。

起初，达尔文对这点感到迷惑不解，后来就更加深入思索：加拉帕戈斯群岛的每个岛屿上是不是都有自己独特种类的生物呢？每个独特种类的生物是不是在特定的环境中产生了变异呢？

在对生长在加拉帕戈斯群岛上的动物和植物做了调查之后，达尔文得出了一个使人很感兴趣的结论：鸟类、爬虫类、昆虫和其他一些种类的生物，都是这些岛屿上的“原有居民”，它们在其他地方是见不到的；从所指出的在各个岛屿上的海龟之间的差别也可推及到其他各类动物。

同时它们又都表现出与生长在美洲的动物有着明显的种属关系，尽管这一广阔的海洋地带把它们同大陆隔离开来。这些事实本身，达尔文在当时当地就已经看清了。

例如，达尔文在这里曾经找到了一只特殊的、对美洲大陆来说是非常典型的白秃鹫、一只凤头鸡和一只斑鸠。

这些动物都和美洲大陆的很相似，但又有所不同。达尔文还看到一些特殊的燕子和几只反舌鹈。特别有意思的是几只花鸡，它们的种类不同，嘴的形状也不同：有宽形的，像蜡嘴雀的嘴；中等类型的，像海雀的嘴；有更尖细的，像知更鸟的嘴；有的像舍契德雀一类鸟的嘴；有的很像旋木雀的嘴。

费茨·罗伊在达尔文的工作室里看到这些花鸡，笑着问他养这么多相同的鸟有什么用。达尔文告诉他，这些鸟都不一样，是同一个种类里变化出来的。舰长是一个虔诚的基督教徒，听了以后大不以为然，严肃地说："任何东西都是上帝创造的，上帝创造的东西是不会变化的！你绝不能这样讲啊！"

这时，达尔文的观念已经成熟了，他很有信心地说："舰长先生，这些鸟的祖先，都在南美大陆。它们由于种种特殊的原因，例如乘风飞来、靠大鸟带来、靠木片浮来，到了不同的岛屿。岛的四周是水，它们没法飞出去，就在各自的岛上生活，天长日久，因为环境不一样，就产生了物种的变异。"

"你说什么？"费茨·罗伊简直不相信自己的耳朵。

达尔文肯定地回答道："物种变异！也就是说，生物为了适应环境，产生种种变异，经过遗传和自然选择，逐渐形成了新的物种。"

"你难道不相信万物是上帝创造的吗？"舰长气愤地质问道。

"我相信上帝，更相信真理。"达尔文坚定地表示。

"你我都是博物学家，你居然怀疑物种不变论，"费茨·罗伊很不以为然地说，"难道你忘了大科学家林耐，还有你最崇拜的赖尔是怎么说的了吗？"

"他们都说物种是不变的，"达尔文说，"不过物种不变论是无法解释雀的嘴儿从大到小有这么多类型的。为什么在这些相距不远，甚至鸟鸣相闻的各个小岛上，会有各自的特有的生物呢？"

"那是上帝分别创造的结果嘛！《圣经》上不是说得很清楚吗？"

"那么，上帝为什么要这样煞费苦心地在不同的岛屿上把鸟嘴创造成粗细长短各不相同的呢？"

"这正说明上帝的智慧和仁慈。"费茨·罗伊津津乐道地说，"又大又粗的嘴巴是为了在坚硬的岩石上啄食物有劲，又小又细的嘴巴是为了吃草丛里的食物方便。"

"为什么鸟嘴除了这四种明显的区别外，还有介于它们之间的过渡类型呢？上帝为什么把加拉帕戈斯群岛上的生物创造成南美洲的类型，却又不完全相同，为什么不按照我们英国的生物类型创造呢？"

达尔文提出一系列的问题，问得费茨·罗伊张口结舌，无话对答。费茨·罗伊深深地吸了口雪茄，反问达尔文：

"按照您的想法，应该怎样解释呢？"

"根据我的调查和反复思考，我认为加拉帕戈斯群岛上的生物是从南美洲迁移到这里来的。它们有的乘风飞来的，有的是随着浮木漂泊来的，有的是攀附在大鸟的脚上来的……可是，不管有多少物种漂过海，能够幸存下来的总是少数。这就是为什么加拉帕戈斯群岛上的生物种类不像其他地区那么繁多的原因。"

达尔文又解释说："这些新来的物种，在环境条件的长期影响下慢慢地产生了变异，就发展成了现在的状况，它们不过是南美洲鸟类的变种罢了。这类变种是在远离大陆的小岛上特殊生活条件下形成的，因此，各个小岛上的鸟都具有它们在南美洲祖先的某些特征，而又不完全一样。"

"上帝哪里去了？"费茨·罗伊生气地说，"您为什么总是转弯抹角地削弱我的信仰？《圣经》上明明说生物是上帝创造的，物种是不变的，您为什么要从根本上损害《圣经》的权威？"

"是您发问我才说的，我一点没有动摇您信仰的意思，"达尔文表示歉意地说，"我更没有想到要向有权威的《圣经》挑战。"

"那么该把谁的话当作真理呢？上帝的，还是你达尔文的？"

"随您的便，我并不希望您把我的话当作真理。我只是尊重事实。"

"好了，好了。别说了，这些问题留到最后审判的那一天再去解决吧。"费茨·罗伊不耐烦地说，"我们在加拉帕戈斯群岛已经考察了20多天，明天'贝格尔'号舰就要离开这里了，有机会我们再辩论。现在您抓紧时间把搜集的那些动植物标本整理一下吧。"

达尔文迅速地整理着搜集来的鸟类、爬行类、昆虫、软体动物和193种植物的标本，为去新的岛屿作准备。

10月20日，“贝格尔”号舰从加拉帕戈斯群岛向西航行，开始进行3200公里的长距离转移。由于天气晴朗，又是顺风，所以这次转移并不困难。达尔文及其旅伴们远远地望见了新西兰。次日，“贝格尔”号舰驶进北岛的群岛湾，并在这里停了下来。

达尔文预定在第二天对周围地区的游览并不轻松，因为这里长满了茂密的蕨类植物和灌木，许多小河和很深的海湾又截断了道路。

12月23日，达尔文坐着一条小船，沿着一道小湾，在英国领事布贝和一位新西兰人的陪同下，到一个距离群岛湾有15海里的叫作惠马特的小地方，做了另一次短途旅行。

这位新西兰人是达尔文深入新西兰各村庄去旅行时的向导。这里的居民吃的是欧洲人运来的马铃薯、蕨类植物根和海滨的一些软体动物。当地人见面时要通过相互碰鼻子和握手来表示欢迎对方。他们的茅屋很像肮脏的露天牛棚，这种茅屋有一堵隔墙，用来把睡觉和保存财物的小屋隔开。

这里土地肥沃，属于火山土壤。覆盖在土地上面的蕨类植物，在那些从前长着树木、后来被烧光并加以开垦的地方长得非常茂密。

在树林里，达尔文观赏了那些高大的贝壳杉松，这种松树的根部约有10米长。树干高约25米，树干上没有树枝，是一种光滑的圆柱，上下粗细差不多。

新西兰的树林根本无法通行。树林中鸟很少，可以看到很多由英国人和法国人运进来的欧洲植物，它们已开始在有力地排挤着当地的植物。看来，这又是一个生物为了适应环境进行自然选择的有力证据。

遭遇塔希提岛土人

达尔文带着一箩筐美好的回忆，随着“贝格尔”号舰抵达南太平洋的乐园——塔希提岛。

塔希提岛拥有两座被侵蚀的古火山锥，即塔希提努伊和塔希提伊蒂，由塔拉瓦奥地峡连接在一起。

这里位于东南信风带内，这种气候适宜种植椰子、甘蔗、香草和咖啡。它们都生长在沿海平原，由西北岸的帕皮提装船外运。

达尔文兴奋地从船上远看塔希提岛，却没发现什么特别的地方。

岛中央有一座山，山上有几朵云彩，海岸四周都是珊瑚礁，当地的土著人驾着独木舟在海上穿梭不息。

达尔文和船员上岸后，受到了土著人热情的招待。

塔希提岛土著人的性情非常温和，他们的脑筋好，生活水准也高。此外，这里的男人个个强壮高大，都有股男子气概。

达尔文对一位船员说：“白人和塔希提岛的黑人比较起来，黑人就像是大自然中一棵枝叶茂盛、不断往上生长的大树，而白人则像一棵长在盆景里的小树，需要特别的爱护和照顾。”

那位船员幽默地叫达尔文说：“小树，该走了，大树们在等我们做生意。”

“贝格尔”号舰停留期间，船员一直被土著人包围着，他们以贝壳工艺品交换一些刀子或布匹。

塔希提岛的男子身上都刺着花纹，那些图案和身体的曲线很配合，煞是好看。最常见的是椰子树生长的图案，由背部中央向身体两边扩展，线条很柔和。

有许多老人的脚上，刺着密密麻麻的图案，看起来像穿着袜子似的，但是对年轻人而言，那已经不流行了。

塔希提岛的女人比起男人来实在不好看，但也有可爱之处，她们把白色或红色的花插在头发上或耳朵上，还用椰子叶编成的草帽来遮太阳，大部分土著人都略懂英文，他们用一些名词，加上手势，就可以和达尔文交谈。

塔希提岛的黄昏相当美，孩子们在海边围着篝火又唱又跳的，达尔文坐在沙滩上静静地欣赏。有位少女开始唱歌，其余的人也跟着唱起来，歌声非常美妙，达尔文深深地陶醉在浪漫的气氛里。

达尔文照例绕着岛屿视察了一遍，还爬到峡谷的分水岭，但是没发现什么珍奇的植物。海岸的热带植物虽然很茂盛，但是只有羊齿类和短草。

十天后，“贝格尔”号舰进入由女王所管辖的比亚特港。

“女王是不是很漂亮？”

“几岁了？”

“结婚了吗？”

“什么？年纪不小了？有没有公主？”

船员们纷纷猜测着。舰长费茨·罗伊却说：“各位不要急，我已经派人去邀请女王到船上来参观，她一到，我们就高唱水兵歌和放焰火欢迎她。”

女王终于在大家热烈的掌声中驾临了。

所有船员包括达尔文在内，都对人高马大、其貌不扬的女王失望极了，但是大家仍然报以热情的欢呼，女王笑得都合不拢嘴了。

第二天，“贝格尔”号舰准备起航了。在黄昏时刻，塔希提岛的居民都涌到海边和船员挥手告别，达尔文面对热情、浪漫的居民，产生了一种依恋的感觉，他在心底说：

“我不会忘记你们的，这是一个迷人的岛屿。”

在澳大利亚考察

1836年1月12日，“贝格尔”号舰抵达澳大利亚的悉尼海湾。晚上，达尔文非常高兴地在这个城市散步。在几十年中，这里真的兴起了一座崭新的城市，市内有许多宽大的街道，还有许多两三层楼高的石屋和商店。在这里达尔文组织了一次到内地去的旅行。他雇了一名向导和两匹马，到一个叫作巴瑟斯特的村镇去。

达尔文沿着一条非常漂亮的石子路很快地往前走，这条路是靠放逐到澳大利亚的那些苦役犯的强迫劳动修筑起来的。它周围的风景很单调，只有稀疏的树林和一片细弱而泛白的绿草。因为这里树叶的侧面都是垂直地向太阳长着，所以没有阴凉。

傍晚时分，达尔文遇到了20多个澳大利亚当地人，他们的样子都很善良，并向达尔文显示了惊人的投掷标枪的技艺。澳大利亚人的文化水平和聪敏程度要比火地人高一些，虽然他们过的是一种漂泊不定的生活，不种地、不盖房，也不牧羊。

欧洲人带来的各种疾病在当地人中间的传播，以及对当地人所食用的野生动物的捕杀，都使得殖民地的土著人人数迅速减少。其中某些病，如麻疹，对他们的危害特别大。达尔文在《考察日记》中激愤地写道：“只要欧洲人一到那里，死亡就立即摧残当地的居民。”

1月17日，达尔文渡过尼比翁河，很快就到达了蓝山山脚。蓝山是超出海滨低地的砂岩高地，从高地往下看，下面是一片十分广阔的森林，风景非常美丽。尤其漂亮的地方，是从树林右边突然展现出的深达400多米的那个大山谷，山谷的悬崖峭壁完全是笔直地挺立着的。悬崖峭壁底部的土地上长满了茂密的树木。

达尔文离开了高地，来到了一个树木更加稀少的、树林和绿草更为茂密的地方后，在一个养羊场停了下来。在这里他捕捉袋鼠，但没有捉到，而只是弄到了一只小家鼠。他观察了一些白鹦鹉和其他一些鸟，使他感到满意的是，他看到了一些一会儿在水面上嬉戏、一会儿又潜入水中的鸭嘴兽。

达尔文躺在一个水塘的岸边，思索着澳大利亚的动物不同于世界上其他地方的动物的那种奇怪的特性。他在日记中写道：

一个什么宗教都不信仰的人，可能会感叹地说：在这里肯定有两种不同的创造者在工作。但是他们的工作对象是相同的，他们在每一场合下的目标都完全达到了。

除了澳大利亚哺乳动物的动物群不同于世界上其他地方动物群的这些区别以外，达尔文还发现了一个例外的情景：他在自己的脚下看到了一个圆锥形的深坑，这是蚁狮设下的典型的陷坑。他观察了蚁狮幼虫捕捉苍蝇和蚂蚁的情况，蚁狮幼虫从陷坑的深处射出一股股沙子，迫使那些吃力地顺着沙粒流动的坑壁向外爬的昆虫爬到自己跟前并成为自己的食品。不过这种陷坑通常要比欧洲的陷坑小一半，可能是供当地特有的那种蚁狮用的。达尔文在日记中指出：

不信教的人现在对这种情况将说些什么呢？能否认有两个创造者，他们每一个都发明了这种如此美观、如此简单、同时又如此精巧的装置吗？不可能这样认为。

无疑，创造世界的是用一双手。也许地质学家会说出一种推测，说什么创造的时期是各不相同的，这些时期在时间上彼此距离很远，并且创造者在其工作中有所间断。

1 月 20 日，达尔文继续前进，这一天非常闷热，从沙漠里刮来的风吹得尘土飞扬。他到达了旅行的目的地巴瑟斯特。当时很干旱，草地变成了褐色，河流完全干涸，很多幼小的果树和葡萄树都已死去。归来的路上没有什么特别的东西。

2 月 3 日，“贝格尔”号舰到达塔斯马尼亚。在塔斯马尼亚停留时，达尔文经常出去从事地质学的研究。他在自己的笔记中提到，他曾在这里登上了一座不高的惠灵顿山，山上长满了茂密的植物，要穿过这些植物是极其困难的。除了高大的桉树外，这里长着茂密得像树一样的蕨类植物，这尤其使达尔文感到惊讶。

3 月 6 日，“贝格尔”号舰驶抵澳大利亚最西南角的乔治亚湾。在这里，“贝格尔”号舰只停了 8 天。达尔文认为，在旅行期间他从来没有这样无聊过，因为这里的植物单调而贫乏。在这里，任何有意义的观察都没有，这就使得达尔文不想再到附近去考察了。

研究环形珊瑚岛

“贝格尔”号舰离开澳大利亚继续航行。4 月 3 日，达尔文和费茨·罗伊访问了马来亚人的一个村子，这个村子坐落在一个岛屿的一角。

4 月 6 日，达尔文同费茨·罗伊访问了紧靠礁湖入口处的一个岛屿，并看到了居民们是怎样坐着两只小船捕捉海龟的。达尔文对猛烈的海浪在迎风的岸边碰得粉碎的情况感到惊讶。这位年轻的博物学家当时情感上非常激动，他在日记中谈论这一印象时用那些富于感情的话写道：

我很难解释，为什么这些珊瑚岛的外侧海岸的景象总是使我感到极其伟大。在这类似壁垒的岸边，在这绿色的灌木丛和高大的椰子树的边缘，在那大片紧实的、到处都散布着巨大碎块的死珊瑚岩上，最后还有在那从四面八方袭击的波涛汹涌的巨浪中，包含有多少淳朴之处。

大洋把自己的波浪抛送到宽阔的珊瑚礁之外，好像是一个不可战胜的、强大无比的敌人似的；可是我们看到，仍旧可以用一种方法去抵挡它，甚至去进攻它。

虽然这种方法初看起来好像是软弱无力而又不中用似的。大洋并不宽恕珊瑚岩，因为这些散布在珊瑚礁上、堆积在生长着高大椰子树的海岸上的巨大碎块，清楚地表明了波浪的威力。

海洋从来没有过一段安静的时间。在广大的海洋表面上，永远吹拂着同一方向的风。一些有机体的力量从波涛汹涌、泡沫飞溅的波浪里，不断地分离出碳酸钙的原子来，而这种原子又逐渐地结合成一种对称的结构。

让飓风把它们撕裂成千万块碎片好了，因为如果同无数个建筑师夜以继日、成年累月所积累的劳动总量比较起来，这又有什么意义呢？

我们从而看到，一个水螅虫的柔软而有黏液的身体，依靠生命规律的作用，正在战胜大洋波涛的巨大的机械力量，而这种力量，既不是人的技能，也不是自然界任何无生命的创造力所能制伏得了的。

第二天达尔文访问了西岛，这里的植物要比其他岛屿上的植物更加茂盛。在这里干燥的陆地上，到处都可以看到一种吃椰子的陆地椰蟹。达尔文根据当地一位居民的描述，对蟹如何吃椰子的情况做了记录。他还观察到了两种蓝绿色的鱼经常咬破珊瑚并以吃珊瑚为生的情况，以及许多生活在珊瑚礁中的无脊椎动物。

4 月 12 日，他们离开了礁湖。在这一天的笔记中，有他关于珊瑚礁和环形珊瑚岛起源的著名理论的初稿。

达尔文很高兴访问了这些岛屿，这些形成物无疑是自然界最稀有的现象。这并不是一下子就能够使他的肉眼感到惊讶的奇迹，而是在经过了一定的思考之后才使他的理智为之惊讶的奇迹。当别人告诉他某些古迹的伟大结构和庞大体积时，他是感到惊奇的，但是即使是那些最大的古迹，如果同这里的由各种最小的动物尸体堆积起来的物质相比的话，那它们就微不足道了。

达尔文看到，在这些面积广大的岛屿上，每一个组成部分不管是从哪里弄来的，是最小的微粒还是巨大的岩石碎块，都常有曾经遭受过有机物方面的力量作用的痕迹。

他曾听说有一种意见认为，制造岩礁的水螅虫是随着岛的基底在火山力量的作用下，经过一定的时间不断向上加高自己的建筑物。达尔文认为，如果这种意见是正确的话，那就可以认为，珊瑚石灰石一定有很大的厚度。

达尔文在太平洋里看到过一些为珊瑚礁所包围的岛屿，而许多海峡和静水区，把这些珊瑚礁同海岸远远隔开。各种各样的原因都可能阻碍那些最能在这种条件下发生作用的珊瑚岩的增长。

因此他想，如果我们设想这样的岛屿经过很长时期之后，要像南美大陆那样，不过是向相反的方向下沉的话，那么，珊瑚将从周围珊瑚礁的底部继续向上生长起来。将来中间的陆地将被海水所淹没，而珊瑚则将完成它那围墙式的建筑。

那时我们不是将会得到一个环形的珊瑚岛吗？从这个观点来看，我们应当把环形珊瑚岛看作是由无数的建筑师建筑起来的一座纪念碑，它标明从前的陆地是在什么地方被淹没在海洋深处的。

游览圣赫勒拿岛

1836 年 3 月 31 日，“贝格尔”号舰停泊于四蒙士湾。次日，达尔文到了卡普什塔德特。

在距离卡普什塔德特 7 海里的地方，有许多幼小的苏格兰云杉林和低矮的叶子发黄的橡树林，这些云杉林和橡树林散发着一阵阵秋天英国树林的气味，这些树林使怀念祖国的达尔文感到特别诱人。在卡普什塔德特一个旅馆里，达尔文费了很大力气才找到了一个房间。

6 月 2 日，达尔文和通常一样，登上了邻近的一座山，以便观察这个城市和它那些笔直的两旁栽有树林的街道。

达尔文发现紧靠城外有一座高 2000 米的桌子山，风景很独特。于是，他在 6 月 4 日雇下两匹马和一个年轻的果天托特人做向导，到内地做了一次路途更长的旅行。这次旅行使达尔文了解了非洲南部的植物、土壤、地质构造和动物化石群的某些标本。

接下来的一周达尔文是在卡普什塔德特度过的，在这里他结识了一些英国人，使他感到非常满意的是，他结识了约翰·赫瑟尔，因为约翰·赫瑟尔的著作在达尔文的少年时代就给他留下了深刻的印象。

6 月 18 日，“贝格尔”号舰驶离四蒙士湾向大海航行。7 月 8 日，“贝格尔”号舰到达圣赫勒拿岛。这个岛好像一座巨大的黑色城堡一样，陡峭地耸立着。

达尔文住在距拿破仑墓不远的一个城市里，但他住在这里并不是出于对这位伟大统帅的兴趣，也不是出于对他的敬仰，而是由于这个地方正处在岛的中心，从这里出发到任何地方去都方便。在他住宿的 2000 米高的地方，气候寒冷而且经常有暴风雨。

他写信给汉斯罗说：

这里出现的是真正的暴风骤雨，如果拿破仑的灵魂在他被俘的那个可悲的地方游荡的话，那么这种情况对他那徘徊游荡着的灵魂来说，倒的确是个十分合适的夜晚。

达尔文在信中表现出对祖国的深切怀念。5年的航海生活使所有的人都疲劳过度了，因此他们都期待着能回到英国去，然而这一天他们还没有等到。

达尔文请汉斯罗能让他在塞治威克的帮助下成为地质学会的会员，并请汉斯罗先为此事采取一些措施。

在圣赫勒拿岛停留的4天中，达尔文每天从早至晚都在岛上漫游，研究这个岛的地质构造。

为达尔文当向导的是一个上了年纪的头发斑白的混血种人，他从前是个奴隶，和一切黑人一样，他也是在圣赫勒拿岛从东印度公司转归英国过程中从奴隶制下获得解放的。

达尔文即使在这里也注意到，这里百分之九十以上的植物都是从英国运来的。这里的鸟和昆虫少得很。英国人只运进了一些鹧鸪和野鸡。达尔文愤怒地指出：

关于保护野鸟的法令没有考虑到当地穷人的利益。他们常常从悬崖峭壁上采集一种草，把这种草燃烧后从草灰中提取苏打。

可是这种副业却遭到禁止，其借口是：那样的话，鹧鸪就没有地方筑巢了！

圣赫勒拿岛曾经生长过的茂密的森林，结果被16世纪初运到这个岛上来的繁殖得很快的山羊和野猪彻底毁灭了，这种情况无情地影响到陆生软体动物的繁衍生息。

达尔文发现，有8种陆生软体动物只剩下了空壳埋藏在土壤中，活体已经彻底灭绝了，它们是随着森林的毁灭一起灭绝的！

“贝格尔”号胜利返航

1836年7月19日，“贝格尔”号舰到达亚森松岛。在那高低不平的黑色熔岩的表面上，耸立着一个个鲜红色的被切断的圆锥形山丘，这些山丘围绕着一个中心，即一个最大的绿色山丘。达尔文第二天早晨的第一个行动，就是登上这个海拔800多米的山丘。

在亚森松岛，达尔文接到了由施鲁斯伯里寄来的一封家信。他的妹妹凯瑟琳在信中说，有一位叫塞治威克的地质学家到了施鲁斯伯里他父亲那里。塞治威克对他父亲说，达尔文将在科学家中间占据显要的地位。

达尔文并没有与塞治威克通过信，因此他不能了解塞治威克是从哪里知道他所从事的事业和他旅行期间的工作情况的。不管怎样，像塞治威克这样一个大地质学家的赞扬，的确使达尔文感到愉快。

这时候他还相当年轻，因此在读了这封信之后，他便“跳跃着登上了亚森松岛的各座山”，而他的小锤子“也就敲打在山的峭壁上并发出了胜利的响声”。在地质的发现方面，使他特别感兴趣的是他在这里找到的大量“火山炉和这种火山弹多孔构造并总结出其形成的方法”。

眼看只要经过佛得角群岛就可以驶回英国了，由于在“贝格尔”号舰的器材中，对确定经度存在着一些矛盾，费茨·罗伊认为在回到英国之前，应该把这些问题弄清楚，因此下令“贝格尔”号舰又向巴西驶去，这无疑给渴望早日回国的达尔文和船员们泼了一瓢冷水。

8月1日，“贝格尔”号舰又在巴伊亚停泊下来，达尔文过去怎么也没有估计到什么时候还能再到这里来。

这个美丽的城市及其近郊，在初次看到时曾使达尔文十分赞赏，而现在却已完全失去其新奇的魅力了，更何况那些曾经使风景变得异常鲜艳美丽的红树林已被砍光了。

尽管如此，热带风景的那些因素依然未变，所以达尔文在巴伊亚停留的4天中，仍禁不住要把自己对热带风景的印象和感受表达出来。

达尔文在写给姐姐苏珊的信中说：

我反复推敲着一个又一个的形容词，我认为如果用这些形容词来把我所感受到的愉快心情传达给那些没有到过热带的人，那就显得太无力了。

这个国家整个是一个巨大的、野生的、没有修整过的、五彩缤纷的暖花房，这个暖花房是大自然为自己创造的，但却被人所占有。

任何一个热爱大自然的人都有一个愿望，那就是如果可能的话，想去看看另一个行星上的风景，这个愿望该是多么伟大啊！

但实际上可以这么说，对于每一个欧洲人来说，在离他的家乡只有几个经度远的地方，就有另一个世界的美丽景色。

8月6日，“贝格尔”号舰向海洋远处出发，以便直接驶向佛得角群岛，可是逆风又阻碍了它的前进。到了8月12日，“贝格尔”号舰驶进了伯南布哥湾，这是巴西海岸上的

一个大城市。它建立在一个平坦的有沼泽的地方。当时雨季尚未结束，洪水淹没了四郊，因此达尔文想做长距离散步的一切尝试都未能顺利实现。他只对形成海湾的礁脉进行了一些研究。

8 月 19 日，“贝格尔”号舰终于离开了巴西。在返回英国的路途中，“贝格尔”号舰颠簸得很厉害，因此达尔文因晕船而十分痛苦。唯一可以引以自慰的是，这是最后一次通往英国途中的漂洋过海了。

9 月 20 日，“贝格尔”号舰驶抵亚速尔群岛。全体船员上岸访问了一个叫安格拉的小城市，该市坐落在捷尔谢伊尔岛上，居民达一万多人。达尔文在一名向导的带领下，到这个岛的中心做了一次旅行。

那里有一座山，人们把它描述成活火山。那里的风景、植物、昆虫和鸟类在达尔文看来很像威尔士山上的一个地方。达尔文观察了一个叫作火山口的地方，这里的热气从裂缝中喷出并作用于周围的粗面岩和熔岩上，地下力的活动在这里就表现为地震。

1836 年 10 月 2 日，“贝格尔”号舰在法尔茅斯抛了锚。达尔文和船员们回到了祖国。

享受亲人团聚乐趣

十月的梅庄气候宜人，风景别致。乔赛亚的住宅窗明几净，十分幽静。乔赛亚坐在沙发上，一边看报一边等着他最器重的外甥远航归来。他已经得到了达尔文托人带来的口信，说是今天下午就来看望舅舅。

埃玛听说表弟今天要来，真是喜出望外。她把房间收拾得干干净净，准备迎接她心爱的人的到来。她已经出门看了好几次，可是总不见人来。她烦躁地把《弥尔顿诗集》放回原处，走到钢琴边信手弹了起来。

埃玛弹了一会儿琴，走近乔赛亚身边焦急地问："爸爸，查尔斯说什么时候到啊？您好像一点也不着急！"

"我记得带口信的人说是三点半。"乔赛亚继续看他的报纸。

埃玛看了看挂在墙上的时钟，埋怨地说："已经过了半个小时啦，怎么还不到！"

"唉，我们已经等了5年啦，再等一个小时也算不了什么啊！"乔赛亚慢腾腾地说。

"5年，再加一小时！"埃玛不高兴地说，"他刚到家就跟我们开玩笑，离开'贝格尔'号舰的时候也不通知您这个舅舅一声，我要是您的话会气得晕过去的。"

"亲爱的，今天别这样。"乔赛亚说，"我相信查尔斯会作出完全相反的解释。"

埃玛想试探一下她的父亲，就故意说："反正他对我不感兴趣，要不，为什么5年当中都没有单独给我写过信。"

乔赛亚当真了，他解释说："埃玛，他是在荒无人烟的地方进行考察，可不像我们在家里这样悠闲。他每次给我的信不是都向你们问好吗？亲爱的！"

"那种问好，对每个表姐都是一样的。"埃玛不满意地说。

"我的看法和你相反。"乔赛亚把目光从眼镜架上沿投向埃玛，半开玩笑地说，"我记得他临走的时候，朝你那个方向偷看过两次，好像要和你说什么似的。"

"别取笑我了，爸爸。"埃玛刚说完话，就听到外面的马车声。她向窗户外边望了一下："啊，查尔斯他们来了！"

她高兴地喊着向马车的方向跑去。乔赛亚也起身走出门外迎接。马车停住了，达尔文和凯瑟琳扶着父亲刚走下马车，埃玛就来到了眼前。埃玛很有礼貌地说："姑父、亲爱的凯瑟琳，你们好！查尔斯，你是什么时候到家的？"

"小表姐，你好！"达尔文回答说，"10 月 5 日刚到施鲁斯伯里，我真想当天就赶到梅庄来看望你们，可是……"

"可是，"达尔文医生接着儿子的话说，"仆人们都说查尔斯少爷回来了，应该痛痛快快地喝几杯威士忌、白兰地，来庆贺查尔斯胜利归来。不料三个仆人都喝得酩酊大醉。"

说话间，他们来到门前，达尔文上前拜见了舅舅。乔赛亚拍拍达尔文的肩膀，端详着他，笑呵呵地说："这就是当年要到海上去的那个小伙子！"

"现在可以肯定他了，乔赛亚先生。"达尔文医生笑容满面地说。

"哼，前几年您还在我这里责怪汉斯罗教授，说是他怂恿您的儿子要到海上去的呢！"乔赛亚一本正经地说。

"嗨，那是因为查尔斯来信说到晕船的痛苦超过了他想象的程度，我的感情实在控制不住了。"达尔文医生抱歉地说，"不过，后来外界说他寄回来的标本和日记很有学术价值，我就改变看法了。"

“舅舅，您还能认出我哥哥来吗？爸爸说他的头型都变了。”凯瑟琳说。

乔赛亚仔细地打量着达尔文。外甥原来是个面色白皙、轻松愉快、稍微有点胖的小伙子，经过了五年的海上漂泊，现在显得有点憔悴。他的脸颊被热带的太阳晒成了棕红色，虽然还只有27岁，可是头发已经稀疏并且有些秃顶，高高隆起的前额更加显眼，鼻子和嘴角之间也有了一道皱纹，看上去要比实际年龄老多了。乔赛亚一边走一边说：“变化真大啊！要在外边见到他，恐怕是认不出来了。埃玛，你看呢？”

埃玛心疼地说：“他可真瘦多了！”

达尔文对埃玛说：“嗯，我在南美洲的时候体重减轻了16磅，以后就一直没有恢复到原来的体重。不过，这是非常值得的。小表姐，你可没有什么变化啊！”

凯瑟琳调皮地看了哥哥一眼，用手指着埃玛说：“你不认为她更漂亮了吗？”

“调皮鬼，不准你多嘴！”埃玛含羞地说。

他们走进客厅，围着桌子坐下来。埃玛拿出早已准备好的茶叶，亲自沏茶，还加了糖，恭恭敬敬地在每人面前送了一杯，然后和凯瑟琳坐在一起。达尔文医生品尝了一口茶，又仔细地看了看茶盒上的商标说：“啊，中国茶叶。据说茶叶具有止渴生津、除烦去腻的作用呢。”

乔赛亚接着说：“记得我国第一首茶诗，赞颂的就是这种茶叶，大概是17世纪中叶写的。”

埃玛眨了眨眼睛说：“那首诗是埃德蒙·沃勒作的，题目是《饮茶王后》。”接着，她就背诵起来：

花神宠秋色，嫦娥矜月桂；
月桂与秋色，难与茶媲美。

一为后中英，一为群芳最。
物阜称东土，携归感勇士。
助我清明思，湛然祛烦累。
王后适诞辰，祝寿介以此。

“背诵得真好，选得更好！”达尔文领会了诗的含义说，“小表姐，这几年你一定读了很多诗，我可要甘拜下风了。”

“别取笑我了，我还没有找你算账呢！”埃玛撒娇地说。

“你离开‘贝格尔’舰以前，也不来信先通知我们……”

达尔文没等埃玛说完，赶紧解释说：“不是故意的，埃玛。船要开到别的地方去，可是我连一天也不想再等了，就在法耳默思下了船，改乘马车回到了施鲁斯伯里，今天就赶着看望你们来了。”

“怎么样，亲爱的，我说查尔斯会作出相反的解释嘛！”乔赛亚对埃玛说，接着又转过身来问达尔文：“查尔斯，航海归来以后有什么打算啊？”

“反正我不想当牧师了，舅舅。不过，我愿意审慎一些，先把标本进行分类，再和费茨·罗伊合写一部航海日记。最近，我还想请汉斯罗教授介绍我去拜见赖尔先生。”

“你父亲会同意吗？费茨·罗伊那种古怪的脾气，你爸爸放心吗？”

达尔文医生听到他们谈话中提到自己，就说：“查尔斯一向是听您的。我们到这里来也是想听听您的高见。”

“好吧，先试试看，”乔赛亚想了想对达尔文说，“现在我想和你爸爸讨论一些医学上的问题，你们三个人先出去玩玩吧！”

埃玛领着表弟和表妹一起出去散步，久别重逢，真有说不完的话。他们无论是在林中漫步，还是在室内休息，谈的都是阔别后的情况。埃玛谈了她学习诗歌方面的心得体会。

达尔文讲了不少他在航海期间的见闻和经历，当讲到南美大陆的风土人情、火地岛上半开化人的生活方式的时候，埃玛和凯瑟琳好像在听古希腊的神话故事，都出了神。可是讲到横渡赤道时候的刮脸仪式，却又使两个年轻姑娘乐得合不拢嘴。

凯瑟琳忽然想起从前哥哥信里提到过章鱼变色的本领，硬要哥哥详细说说。埃玛也走近达尔文身边，很有兴趣地等着听他讲。

"好吧，我来讲给你们听，"达尔文打开了话匣子说起来，"有一天，我站在海边岩石上，正低头看着脚下的海水，一串水珠忽然飞溅到我的身上。仔细一听，还有一种'嘎吱嘎吱'的声音。开始，我不知道是怎么回事，就蹲下来观察……"

达尔文刚讲开头，凯瑟琳就迫不及待地问："到底是怎么回事？"

"啊，原来是章鱼在喷水！"达尔文绘声绘色地说，"这种章鱼，无论是在海里游动，还是把身子吸附在岩石上，它皮肤的颜色总是和周围环境协调一致：在深水里，通常显淡紫褐色；到了浅水里却变成了黄绿色；吸附在岩石上，又变成了和岩石一样的颜色。"

"这简直是变色龙嘛！"

"它不但有变色龙的本领，而且经常施展各种伎俩，逃避人们的捕捉，"达尔文说，"那天，章鱼好像知道我埋伏在旁边，它先装成僵死不动的祥子，突然像猫抓老鼠一样，'嗖'的一下窜走；同时，还从身后放出一股浓浓的墨汁来，使海水污浊不清，好像放烟幕一样。它就在'烟幕'的掩护下悄悄地逃走了。"

"我有另外的解释，埃玛。这是章鱼对自然界的一种适应，"达尔文眉飞色舞地说，"这种弱小的动物就是依靠这种本领来逃避敌人的，要不是这样，早就被其他动物消灭光啦。类似的现象，我在环球考察期间看得多了，就是三天三夜也讲不完。"

"你看你，多么高兴啊！"埃玛羡慕地说，"你在远航中知道这么多事，真是太幸运了！如果我是个男孩子，我也要去参加航海考察。"

“是的，回忆航海期间的见闻是一种极大的乐趣。请原谅，有时候我实在控制不住自己的感情，埃玛。”达尔文说。

“现在我感到把我‘放逐’五年是完全值得的。就是有人用年薪两万英镑的收入来换取这五年期间我在自然科学上所得到的东西，我也不会答应!”

达尔文在梅庄小住几天，埃玛整天和他在一起亲切地交谈，心里充满了喜悦。达尔文对埃玛十分关心体贴，使她得到极大的安慰。埃玛多么希望达尔文这次能够向她求婚，可是达尔文却迟迟不提这件事。她不由得暗暗地埋怨起达尔文来了：查尔斯啊，你可知道，我等了你三年、四年、五年，我已经 28 岁了；为了你，我已经拒绝了两个登门求亲的公子；可是，你为什么这样不理解我的心情，到现在还不向我求婚呢?

她真想私下批评达尔文，或者用更明确的方式向他表达自己的爱情，可是脑海里又掠过另外的念头：是不是因为我比他大十个月，他不愿意?人们常说，女人不应该嫁给比自己小的男人。难道他也相信这种说法吗?可是大家都说，我看起来比他年轻多了。也许过两天他会提出来吧?埃玛左思右想，决定还是再等一等。

等啊，等啊，埃玛简直比等达尔文环绕地球一周还要难受!一直等到达尔文离开梅庄的时候，他仍旧只字不提求婚的事。

达尔文走了。在这一年的最后两个月里，他又先后两次来到梅庄，享受了打猎的乐趣，还和埃玛全家一起欢度了三天圣诞节的假日。可是，埃玛期待他求婚的希望还是落空了。

埃玛有些失望了，她小声地对姐姐萨拉说：“我真不理解查尔斯!我确实感到他很爱我，我也很爱他。可是他还是什么也不说，仍旧把我当作喜爱的表姐看待。”

“我也认为查尔斯非常爱你。不过，我不明白他究竟是怎么想的，要是你认为他确实很爱你，就耐心地等着吧!”姐姐萨拉这样劝埃玛。

思想之光

我能成为一个科学家，最主要的原因是：对科学的爱好；思索问题的无限耐心；在观察和搜集事实上的勤勉；一种创造力和丰富的常识。

—— 达尔文

全面整理考察资料

休假结束以后，达尔文找了很多“大人物”，却没有一点结果：既没有得到官方的资助，也没有得到博物馆的支持。连赫赫有名的大英博物馆和在布鲁顿街的动物学会博物馆，都对他那些还没有定名的标本不感兴趣。

这种漠视标本的态度，以及他亲眼见到的常常为了一些枝节问题争论不休、相互攻击，而对科学上的一些重大问题却漠不关心的坏习气，使他有些灰心。他怎么也没有想到，自己 5 年来历尽千辛万苦得到的这些珍贵标本竟会遭到这样的冷遇。

“难道我的心血就这样白费了，”达尔文自言自语地说，“不，我相信总有‘识货’的人。”

1836 年 10 月底，达尔文把自己的东西和搜集品从“贝格尔”号舰上卸下来运往剑桥大学。

回家不久，达尔文一边写信给汉斯罗，不知汉斯罗是否在剑桥大学，一边开始着手整理自己的搜集品。但搜集、整理并将搜集品加以分类并不是一件易事。

当时担任伦敦大学教授的他的老朋友格特准备研究某些珊瑚。但是，准备工作一开始特别不完善，汉斯罗就建议按动物的各科在剑桥大学的博物学家中加以分配。达尔文把这当成工作中第一阶段的计划。

1836 年 12 月初，达尔文来到了剑桥大学，在那里过了冬。他先是住在汉斯罗那里，后来自己租了一个房间。他必须多待几个月，好在剑桥大学检查完他的地质搜集品。

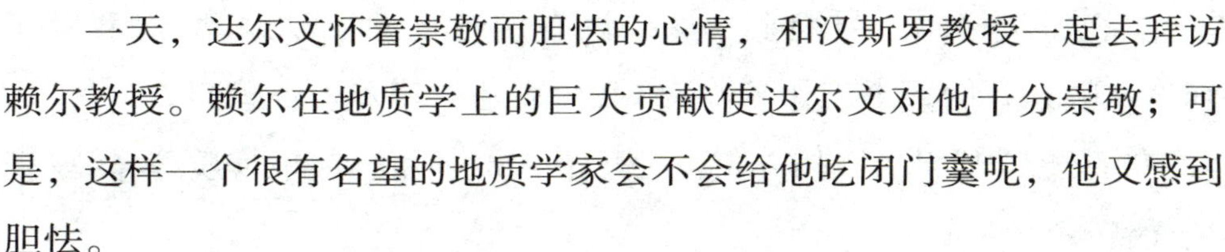

一天，达尔文怀着崇敬而胆怯的心情，和汉斯罗教授一起去拜访赖尔教授。赖尔在地质学上的巨大贡献使达尔文对他十分崇敬；可是，这样一个很有名望的地质学家会不会给他吃闭门羹呢，他又感到胆怯。

其实，达尔文的担心是多余的，他和汉斯罗教授来到赖尔家中，受到了热情友好的接待。谈话中，赖尔那种爽朗、严谨、果断而又敢于创新的思想作风，给达尔文留下了深刻的印象。达尔文就把自己的计划和在各地受到冷遇的情况告诉他，赖尔表示了极大的同情，并且设身处地地替达尔文考虑怎样把计划修改得更实际些。他坦率地对达尔文说：

“对于一个博物学者来说，在英国最合适的地方，除了伦敦大学就是剑桥大学。剑桥大学有您的良师益友，汉斯罗教授在那里会给您必要的帮助。您搬到伦敦来住，我可以帮助您结识一些博物学者。当然，以后的工作还得由您自己去做。”

“非常感谢您，赖尔教授，”达尔文说，“不过，我的资历很浅。”

“资历？很多人用资历装扮自己，就像用斗篷来遮盖赤裸裸的身体一样，”赖尔激动地说，“有些人资历很深，在科学上却一事无成，甚至利用自己的资历吓唬别人；有些人好像缺少足够的资历，甚至什么资历也没有，却能在科学上作出成就和贡献。您有比较丰富的实践经验和敏锐的观察能力，这就是有利的条件。”

达尔文回答说：“我在学校里只是尝试性地搞了一些我感兴趣的东西，不过是甲虫、青蛙和一点植物学。这些，汉斯罗教授都很清楚。我学的专业是神学。”

“可是你忽视了它！”汉斯罗教授遗憾地说，“我看你做个安分守己的乡村牧师的可能性已经相当小了。”

“达尔文先生，您应该是‘贝格尔’号舰的毕业生了。”赖尔风趣地说，“我看，这样说更恰当一些。”

“在‘贝格尔’号舰上，如果没有您的《地质学原理》，我就不知道从哪儿开始下手工作。”达尔文由衷地向赖尔表示感谢。

“不要这样讲。”赖尔说，“您什么时候能够给地质学会写篇论文?”

“关于智利海岸近期的升高，还有安第斯山脉地质的变化，我都做了些考察。”达尔文认真地回答说，“事实证明，您的理论是非常正确的。”

“关于珊瑚礁的形成呢?”赖尔问达尔文，“汉斯罗教授对我说，您在这方面有新的看法。”

“那是您的课题，教授。”达尔文抱歉地说，“我做梦也没有想要闯入您已经研究多年的领域里去瞎说一通。”

“任何人都不应该在科学上划分势力范围，搞圈地运动，”赖尔说，“要提倡互相学习，勇于发表新的见解，只要言之成理，我们就应该服从真理。您可以推翻过去关于珊瑚礁形成的理论，大胆地把论文写出来。”

达尔文跟着汉斯罗教授离开了赖尔的家。达尔文感到在他拜访过的伦敦那些“大人物”中，没有一个人像赖尔那样友善和仁慈。正像他在给一个朋友的信里所说的：

再也没有比赖尔更热心、更和蔼的人了。

达尔文非常尊重赖尔的意见，他先在剑桥大学把标本整理了一下，然后就搬到伦敦，在大英博物馆附近租了两间房子住下来。在这以后的两年时间里，他核对了航海日记中的全部记录，联系出版了《“贝格尔”号舰航行期内的动物学》，还写了几篇地质学论文。

从此，达尔文和赖尔的交往频繁，赖尔成了达尔文一个“最有力的朋友”。

他们常常在一起畅谈南美洲的地质情况，交换各自的研究心得和体会。达尔文提出地质学方面的任何疑难问题，赖尔总是不厌其烦地加以解答。

赖尔还常常对达尔文的一些新见解提出各种各样的异议，迫使他把问题想得更周到一些。

达尔文不但在学术上十分推崇赖尔，就连赖尔那种“工作强度以不损害身体健康为限度”的治学精神，也成了他效法的榜样。

他仿照赖尔的办法，安排了自己的作息时间。他把一天的时间分作几个阶段，每工作两小时就上街去办一些事，回来再继续工作。这种用改变工作内容来代替休息的安排，真是一种积极休息的好办法。经过一段时间的试验，果然非常有效。

不久，达尔文关于珊瑚礁形成的论文写好了。按照达尔文的观点，珊瑚礁不是由于火山口上升才造成的，而是海底下降，把珊瑚虫带到海洋深处形成的。它和赖尔的“火山口上升”理论是针锋相对的。

赖尔看过这篇论文的原稿以后，好些天里一直都在想着珊瑚礁形成的问题。他没有以地质学权威自居去压制达尔文，相反，他还创造条件，让达尔文到地质学会上去宣读这篇论文。

最后，他高兴地接受了达尔文的观点，放弃了自己曾经用来解释过许多地质现象的“火山口上升”理论。他在给英国天文学家和化学家赫歇耳的信中是这样说的：

关于达尔文的珊瑚礁形成的新理论，我有很多话要说。我已经敦促休厄尔去请达尔文在我们下一次会议上宣读他的论文。我必须放弃我那个“火山口上升”的理论。

但是最初这样想的时候，我感到了痛苦，因为我用那个理论解释过许多别的地质现象……现在看来，其实同“火山口上升”没有什么关系，达尔文的理论是完全正确的。

在达尔文发表了几篇地质学和动物学的论文以后，赖尔又介绍他参加了英国科学协会，推荐他担任地质学会秘书的职务。

为了鼓励这个年轻的地质学工作者，赖尔还把他心爱的地质锤送给了达尔文。这件不寻常的礼物后来成了这两个密切交往约四十年之久的伟大科学家之间真诚友谊的见证。

老一辈科学家赖尔那种令人钦佩的崇高品质和优良学风对达尔文的成长起了十分巨大的作用。为了感激赖尔的支持和帮助，后来他在给赖尔的信里说：

为了您在地质学方面给我的巨大帮助，我早就想用一种比仅仅提到您的著作更直接的方式来表示对您的感谢。

达尔文和赖尔在地质学研究中互相尊重、互相切磋，在共同的奋斗中建立了深厚的友谊，为他们后来在物种起源问题上互相帮助、共同提高、推动科学的发展，打下了牢固的基础。

在这期间，达尔文还下了很大功夫整理《一个博物学家的考察日记》。达尔文现在觉得他已经不再是一个有声望的大学生了，因为现在学校里认识他的人寥寥无几。

但是，每天晚上仍会过来一些朋友，大家喝酒聊天，其乐无穷，但这在很大程度上影响了达尔文研究活动的进程。

1837 年 3 月至 9 月，达尔文在伦敦的大马尔勃罗大街加工整理自己的《一个博物学家的考察日记》。

达尔文在日记中所遵循的不是时间的顺序，而是地理的顺序。他认为，把注意力放到对访问国的描写方面，这对读者来说要更容易理解一些。

在这种描写中，他有意包括了动物的生活方式、地质考察、风景描写以及个人的印象。6 月份他写完日记之后，给自己放了一次假，动身到施鲁斯伯里去。

《一个博物学家的考察日记》最后再一次重新思考了加拉帕戈斯群岛留给他的印象。然而一个更加严峻的问题——物种起源又一次摆在他的面前。

达尔文认为，应该像赖尔那样，论述观点之前先搜集好充分的事实然后再加以证实。

正如他所奉行的那句箴言那样，达尔文广泛地搜集相关事实并与一些有经验的专家们保持着密切的联系。

7 月份，达尔文开始着手第一本物种起源方面的著作的写作。

他曾经期望着航行结束后能够回到故乡与父母姐妹生活在一起，但现在看来，这根本是不可能的。几个月以来，他只能从忙碌的工作中抽出一个星期与家人团聚了。

确立物竞天择观点

达尔文来到伦敦。赖尔的细心帮助对他把《“贝格尔”号舰航行期内的动物学》一书的材料进行分类整理起了很大的作用。那些曾经反对过达尔文观点的植物学家们，开始对他有好感了。

达尔文印刻《“贝格尔”号舰航行期内的动物学》一书中的统计表和插图是要花很多钱的，于是他便申请政府的补助金，作为出版这篇论文的开支。对这项请求，政府无条件地接受了。

1837 年盛夏的一个夜晚，伦敦的天气格外炎热，许多人都在户外纳凉，住在大马尔勃罗街 36 号公寓里的达尔文，正汗流浃背地在灯下奋笔疾书。

不久以前，他在地质学会上宣读了几篇论文，那些“大人物”终于用赞许的态度接受了它们。随后，地质学界的权威们也十分关注地经常谈论着他。

尽管这样，达尔文一点也没有忘记自己神圣的职责——探索生物进化的问题。因为他在环球考察期间发现的三个事实经常盘旋在他的脑际：

第一个事实，在巴塔哥尼亚发现的动物化石，它的年代虽然久远，却和今天的动物很相似。

第二个事实，美洲大陆上的同种动物，从南到北，它们的形态逐渐不同。

第三个事实，加拉帕戈斯群岛的大多数生物都具有南美洲生物的特征，而群岛各个小岛上的同种生物却又多少有些不同。

这些事实，虽然使他产生了物种可变的思想，但是物种为什么会变化，变化的规律又是什么，也就是说，物种到底是怎样起源和发展

的，还是个不解之谜。

为什么生物能够那样巧妙地适应它们所处的环境：加拉帕戈斯群岛上的海龟能够在干燥缺水的地区生存，啄木鸟和雨蛙可以攀缘树木，一粒种子能够借助小钩或者茸毛而传播出去……难道这些都是上帝设计的吗？如果不是万能的上帝的安排，那又是什么原因呢？

这些复杂而深奥的问题困扰着他，看书的时候常常被打断思路，躺在床上又难以入睡。他决心揭开这个“秘密中的秘密”，把注意力集中到生物进化的研究工作中来。正像他后来在自传中所写的：

> 回到英国以后，我认为遵循赖尔在地质学方面的范例，并且搜集有关动物和植物在家养和自然状况下变异的一切材料，可能会给研究工作投射一点光明。

所谓“遵循赖尔在地质学方面的范例”，主要是按照赖尔在《地质学原理》中运用的“以今比古”的方法，来解释物种起源和变化的原因。

赖尔是用现在起作用的因素来说明地球表面过去的变化，绝不和创世论相混淆。再通俗一些说，就是用今天看得到的自然界力量，来说明地球在漫长的历史长河中变迁的原因，从而在科学史上写下了光辉的一页。

赖尔这种科学方法促使达尔文想到现在物种是怎样变化的？家养动物和栽培植物中品种繁多，琳琅满目，而且还在不断地增加，它们是怎样形成的？他决定面向现实，面向实践。

他首先选择了家养动物和栽培植物这条生产实践的道路，去探索奥秘。1837 年 7 月，他开始写第一本关于物种起源的笔记，搜集动植物在家养条件下所发生的一切变异事实，认真总结劳动人民和育种家们培育新品种的经验。

这是一条正确的道路，正像恩格斯所说的："除了动物和植物的人工培育以外，他再没有更好的观察场所了。"并且在这方面，当时英国正是"标准的国家"，它比欧洲大陆的法国和德国的条件更优越。

英国是资本主义发展最早的国家。资本主义的触角伸入农村，引起了农牧业的巨大变化。靠毛纺业起家的英国，为了发展养羊事业，从15世纪末就广泛地开展了圈地运动，强占农村大片土地，建成资本主义的农牧场。

这样，大批农村人口被迫流入城市。由于工业中心增多，城市人口的增长，对粮食和副食特别是肉类和乳类的需求量越来越大。同时，日益发达的轻工业，也要求农牧业提供更多更好的原料。

为了适应这些需要，农牧场主十分重视选育良种的工作。他们依靠育种家和农牧民广泛地开展了选育良种的活动。英国政府为了鼓励这种工作，还定期举办选种展览会，颁发奖章，以资鼓励。正像恩格斯说的那样：

社会一旦有技术上的需要，则这种需要就会比十所大学更能把科学推向前进。

这样，在不太长的时间里就选育了很多优良品种。产肉量很高的短角羊、大白羊培育成功；优良的细毛羊、含糖量高的甜菜品种相继出现；耐肥而高产的小麦和早熟而多样化的马铃薯，以及另外一些优良植物的品种层出不穷；乳牛产乳量成倍增加，一头奶牛每天最多能产奶82升。

在生产的推动下，对一些玩赏动物和观赏花卉也进行了选种工作，出现了斗鸡、飞鸽、跑狗竞相争胜，千百种奇花异草争奇斗艳的局面。

这一切，为达尔文认识物种变异的普遍性和人工选择的创造性的作用，提供了得天独厚的条件。他废寝忘食地进行了15个月的系统

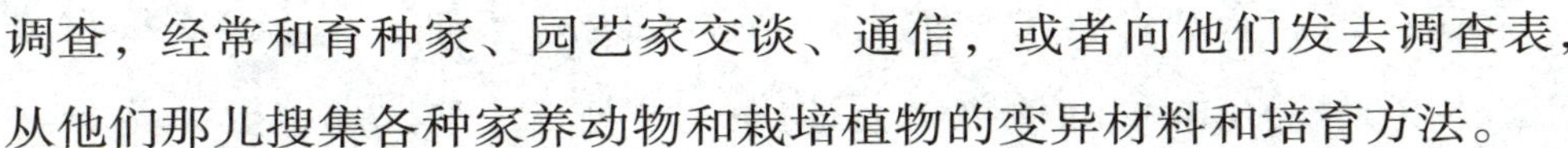

调查，经常和育种家、园艺家交谈、通信，或者向他们发去调查表，从他们那儿搜集各种家养动物和栽培植物的变异材料和培育方法。

他还亲自参加实践，认真考察和研究了小麦、玉米等农作物的选育过程，动手搞移植实验；仔细地分析比较鸡、鸭、鹅、牛、羊、猪、狗、猫等家禽家畜各个品种之间的差异。

通过调查研究，人民群众创造出来的这些奇迹，使他清楚地认识到：这些优良品种都是“培育者可惊的技巧和坚持不懈的精神”所留下的“永久纪念碑”。

后来，他着重研究各种家鸽品种之间的差异和起源问题，参加了伦敦两个养鸽俱乐部，饲养各种品种的家鸽，甚至设法从美洲、波斯和印度购买当地的鸽子标本，还有人从中国的福州和厦门给他寄来鸽子标本和资料。

达尔文把各种家鸽的品种和野生鸽进行比较，研究它们在外部形态和骨骼构造等方面的差异和共同特征，结果证明所有家鸽品种虽然差异很大，其中有20个品种从外形上看简直就像不同种的鸟类一样，但是它们都起源于共同的祖先——野生岩鸽。

各种家鸽都起源于同一种野生岩鸽，为什么它们之间的差异会这样大呢？

达尔文认为，这都是人工选择的结果。岩鸽从野生到家养，生活条件发生了很大变化，由于在不同地区放养，可能会发生不同的变异。有的嗉囊大些，有的尾羽多些，有的鼻子高些，有的腿长些，人们根据不同的爱好，选择符合自己需要的变异个体来饲养。

比如：有的人喜欢嗉囊大的个体，就选择那些嗉囊比较大的鸽子放在一起饲养，并且不让它们和嗉囊小的鸽子交配。这样一代一代地向嗉囊大的方向选择下去，终于培育出嗉囊像皮球一样大的球胸鸽来。同样，扇尾鸽、大鼻泡、凤头鸽、大毛脚等品种，都是根据同样的原理选择、培育出来的。

在人民群众选育良种和他自己亲身实践的基础上，达尔文根据人工选择的作用在同种动植物中所造成的区别，常常比那些公认为异种动植物的区别还要大，终于得出了人工选择的理论：物种在人工干预下是能够改变的，具有明显不同特征的品种可以起源于共同的祖先。

他根据赖尔的方法进行科学研究，赖尔那个闪着智慧之光的方法果然向他的研究工作投射了光明，使他的思想豁然开朗起来。原来家养动物和栽培植物的各种优良品种并不是上帝为了恩赐人类而分别创造出来的，它们是人民群众经过世世代代人工选择的结果。

这种人工选择的作用，说明了物种在人为条件下能够发生进化；具有明显不同特征的品种可以起源于共同的祖先，在水养动物和栽培植物的进化过程中，人起着主导作用。

“可是，在自然条件下又是什么力量在起选择作用呢?”达尔文自言自语地说，“自然界的生物并没有人在那里年复一年地进行选择，那么新的物种又是怎样形成的呢?”

这时，他在环球考察期间发现的，生物由于生活条件变化而引起的数量增减或死亡的现象，又出现在他的眼前。有些物种在连续几个生活条件适宜的季节，数量猛增起来，而在另外一些不利条件下，数量就急剧减少，甚至使整个物种绝迹。那么，物种的数量增减或者灭绝，究竟是受什么法则支配的呢？

他听任自己的各种思想随意驰骋。1838 年 10 月的一天，他十分困倦地坐在椅子上，顺手从书架上拿起一本《人口论》来随便看看。这是英国神甫、资产阶级经济学家马尔萨斯为统治阶级和殖民主义者服务的反动著作。

马尔萨斯认为人口是按照几何级数，即 1、2、4、8、16……增长的，而食物却是按照算术级数，即 1、2、3、4、5……增加的，因此出现“人口过剩”的现象。在他看来，这种人口过剩的问题是一种自然的、永恒的规律，只有通过贫困、饥饿、疾病，甚至战争，才能够

得到解决。

马尔萨斯认为，资本主义制度下劳动人民遭受灾难、饥饿和贫穷的根源，不是资本主义制度本身和剥削阶级的残酷剥削，而是因为劳动人民人口太多。因此，剥削阶级过着花天酒地的生活，劳动人民受到贫穷和疾病折磨以致死亡，都是天经地义的事情。

这种把一切社会弊病都归结为人口过剩的理论，是公开为资产阶级残酷剥削无产阶级和其他劳动阶层进行辩护的理论，直接掩盖了资本主义制度的罪恶，从根本上否定了阶级斗争、否定了一切社会革命的必要性。

因此，恩格斯一针见血地指出：马尔萨斯的《人口论》是“资产阶级对无产阶级的最公开的宣战”。

达尔文只是为了消遣，没有也不可能深刻悟出这些道理来。他随意地翻了一页又一页。忽然下面几行字引起了他的注意：

在动物界、植物界撒布种子，但是育成这种生命种子所必要的场所和营养，它却给得比较吝啬。这地上含有的生命的芽，如果能够有充分的食物、充分的场所供它繁殖，几千年以后就会充塞几百万个世界了。但是自然法则的必然性将把这种生物限制在一定的界限里。植物的种类和动物的种类完全处在这种限制的大法则之下……

达尔文只怕自己没有看清楚，又认真地看了一遍。虽然马尔萨斯在这里并没有作出任何考证，但是达尔文自己长期观察所积累的事实却和这几行字十分吻合，于是他在书里继续寻找类似的内容。他又想起自己曾经写到过的，关于巴姆巴斯草原地区的动物由于干旱而大批死亡的那些事实。

他翻开《“贝格尔”号舰航行日记》的底稿，上面记着：

在1827年至1830年期间，因为雨下得非常少，溪水干涸见底，整个地区看来很像尘土飞扬的乡村大道。这种情形在布宜诺斯艾利斯一省的北部和圣菲的南部一带特别显著，大批飞鸟、野兽、牛和马都由于缺少食物和水而死亡了。

他又想到几个月以前，自己曾经在日记里写过的一段话：

至于说到死亡，我们很容易看到，鸵鸟的变种由于不适应恶劣的条件而死亡；相反，它们处在良好的条件下就会大量地繁殖起来。根据上述情况，可以得出这样的结论，生物在有限的土地上繁殖，在变化着的条件下发生经常性的变异，由于对这些条件的适应而得到发展。可见，物种的灭亡是对条件不适应的结果。

达尔文长期以来百思不解的问题——自然界究竟是什么力量在起选择作用，猛一下醒悟了。他说：

1838 年 10 月，就是我开始做系统调查的 15 个月以后，我偶然阅读马尔萨斯《人口论》来作为消遣，并且由于长期不断地观察动物和植物的习性，我具备了很好的条件去体会到处进行着的生存斗争，所以我立刻觉得在这样的环境条件下，有利的变异将被保存下来，不利的变异将被消灭。它的结果大概就是新物种的形成。我终于得到了一个可以用来指导工作的理论。

达尔文眼前立刻展现出一幅到处都在进行生存斗争的画面：在自然界里，植物结出了大量的种子，昆虫繁殖了大量的幼虫，而相当一部分种子和幼虫都被鸟类吃掉了；可是，鸟类的卵和幼雏又常常被猛兽所食。两只犬类动物在饥饿的时候，为了争夺食物而进行生死的搏斗；生长在沙漠边上的植物，它们为了抗旱也在进行生存斗争。

一株植物一年结出 2000 颗种子，而平均只有一颗种子可以长成。更确切地说，植物的种子是在和已经铺满地面的同种或者别种植物斗

争中成长的。

达尔文想，在复杂的生存斗争中，对生存有利的变异，就会使物种有比较好的生存和发展的机会；而对生存不利的变异，却会使物种难以生存，甚至灭绝。

为了和“人工选择”相对应，他把这种对有害变异个体的淘汰和对有利变异个体的保存，称作“自然选择”或者“适者生存”。自然选择每日每时地在自然界检查着生物最微小的变异，它像人工选择一样在起着汰劣留良的作用。后来他说：

> 如果有利于任何生物的变异一旦发生，具有这类性状的个体就会在生存斗争中得到最好的保存机会。根据遗传原理，它们将会产生具有相似性质的后代。这项保存原理或者适者生存，我称它“自然选择”。它使每个生物对于有机的和无机的生活条件的关系得到改进。因此，在许多场合，这种结果必定是生物体制的一种进步。

可是，达尔文在把自己多年观察结果进行理论概括的时候，没有考虑到马尔萨斯《人口论》是抄袭别人的资料拼凑成的。正像马克思所说的：“他这本书最初的版本不过是对笛福、詹姆斯·斯图亚特爵士、唐森、富兰克林、华莱士等人的学生般肤浅的和牧师般拿腔作调的剽窃，其中没有一个他独自思考出来的命题。”

比如富兰克林曾经看到，植物和动物的再生能力是无限的，只是由于食物的限制，才使它们的繁殖受到制约。汤生德也看到，当山羊被运送到某个岛上的时候，由于有了丰富的草场，繁殖很快。后来山羊越来越多，草场不够了，尽管山羊还在继续繁殖，可是它们当中的弱者就死亡了，只有强者能够生存下来。这些都被马尔萨斯窃作例证。达尔文没有认识到，自己是从富兰克林和汤生德等人的思想得到启发的。

另外，达尔文也没有想到，他在动物界和植物界发现了几何级数的增长，正好驳斥了马尔萨斯关于人类食物只能够按照算术级数增长的说法。因此，达尔文在总结生物进化规律的时候，还天真地说自己是在读了马尔萨斯《人口论》以后，结合自己的实践，才得到了一个可以作为科学研究根据的学说。

他后来甚至说，全世界一切生物的生存斗争现象，“是生物按照几何级数繁殖所造成的必然结果，这是马尔萨斯的学说应用到整个动物界和植物界。因为每种生物产生的个数，远远地超过了它们所能生存的个数，所以常引起生存斗争”。

达尔文这个失误使后人产生了误解，甚至利用它来反对进化论。

达尔文最喜欢在大自然中自由自在地漫步，但现在似乎很难再享受这种生活了，因为伦敦多雾。另外一个原因是，他在 1837 年的秋天，因为工作过度疲劳而使他的健康不如往昔。消化不良、头晕眼花和易受刺激，这些都使他不得不中止了社交活动。

达尔文休息了一个月，先后到了施鲁斯伯里和梅庄，甚至还去怀特岛拜访了福克斯。

在梅庄逗留期间，深秋时分，达尔文在地质学会作了一个《关于腐殖土在蚯蚓作用下的形成》的报告。

达尔文是一个广义上的“博物学家”，但是他花费时间最多的却是在地质学方面。

达尔文从航行当中带回了那么多佐证赖尔观点的东西，以致他能在很短的时间里就作出令许多人感兴趣的报告。

地质学会打算吸收达尔文为他们的学会秘书，因为那必定对将来的工作有很大的帮助。

在很长一段时间里，达尔文一直没有接受这个邀请，因为他觉得秘书工作要花费大量的时间，而这会把自己的地质学著作的撰写和出版推迟。但是，1838 年 2 月 16 日，盛情难却之下他终于接受了这一

工作。

达尔文在从福克斯那里得知关于某些动物杂交的情况之后，就写信给福克斯，希望有朝一日他能“在物种和变种这一最复杂的科目上”有所作为。

达尔文不断地向自己提出进化原因的问题，而且对这一问题他已经不再怀疑了。为了弄清进化的原因，他认为必须研究生物的适应性以及生物各方面的属性。如果他的理论被证实的话，他想在他的面前将会展现出科学进一步发展的广阔前景。

1838 年上半年，达尔文对他旅行期间所从事的动物学和地质学做了详细的总结。

这时，达尔文感到身体不太舒服，便决定在剑桥大学住几天，同时会会他的那些朋友。晚上他住在汉斯罗那里，那里时常聚满了人。达尔文认识了教阿拉伯语和犹太语的李教授，并拜访了地质学家塞治威克。

在剑桥大学这段时间的休养对达尔文的健康起了很好的作用。在身体康复后他到苏格兰去旅行，他从格拉斯哥出发，到了英威涅斯山谷，8 天里，研究了类似罗埃河谷的地质学上的阶地。

这里的天气非常好，从浓雾弥漫的伦敦来到这里，达尔文置身于苏格兰的大自然中感到特别愉快，对那美丽的晚霞非常欣赏。

达尔文在给赖尔的信中说，当他来到罗埃河谷时，那种愉悦的心情是以前从来没有过的。

达尔文工作完毕后，出去散一下步或者办点事，舒缓一下精神，回来后继续工作，然后去赖尔曾带他去过的雅典神殿俱乐部吃午饭。并且与那里的会员开心地畅谈他们所感兴趣的事。

建立美满的家庭

有一天达尔文刚刚回到宿舍，就收到二姐卡罗琳一封来信，说她已经和舅舅的儿子乔赛亚·韦奇伍德正式订婚了。这个消息迫使已经28岁的达尔文开始考虑这样一个问题：自己是过一辈子独身生活，还是建立一个理想的家庭？

几天来，他的思想一直处在科学事业和婚姻家庭的矛盾之中。他时而向往结婚以后能够有个情投意合的终身伴侣，有个充满音乐、充满孩子们欢声笑语的幸福家庭；时而又羡慕那些没有妻室拖累，可以专心从事研究工作，自由自在地过着独身生活的人；有时想到自己老态龙钟的晚年，孑然一身凄凄凉凉的，就想赶快结束独身生活。

提起结婚，他首先肯定想到的是小表姐埃玛了。

1838年9月20日，达尔文来到梅庄看望舅父乔赛亚，受到舅父全家的热情欢迎。达尔文也彬彬有礼、和蔼可亲。小表姐埃玛常常伴随着他去游泳、散步和聊天。

有一次，达尔文在花园里刚刨出几条蚯蚓来观察，埃玛跑过来问他："查尔斯，这种小动物有什么值得研究的？"

"别看不起这种低等动物，它的本领可不小啊！"达尔文指着蚯蚓滔滔不绝地说，"它对土壤所起的作用，恐怕是其他动物都不能比拟的。它是农家的好帮手、辛勤的耕耘者，也是改良土壤的行家。别看它只有这么点大，可是一个个都是'大肚汉'，并且对食料从不讲究，土壤、粪便、果皮、烂叶等都吃，它的粪便是很好的肥料。土壤经过蚯蚓的耕耘，就变得疏松透气，也很肥沃……"

埃玛不等达尔文说完，就接过锄头来刨土，与他一起寻找蚯蚓。

她一边刨一边想：蚯蚓对我们住在乡下的人来说，是司空见惯的小动物，可是我们从来没有留意过它竟有这么大的本领。查尔斯的知识这样广博，大概都是他细心观察得来的。她问：

“查尔斯，你最近在做些什么工作？”

“蚯蚓对土壤的作用，是我近期的一个研究课题。回到伦敦以后，我要作一次专题报告。我还要写考察日记的导言。”

“费茨·罗伊呢？”埃玛奇怪地说，“我还以为是他自己写呢！”

“他写主要部分。我们已经谈好了，我的考察日记独立成卷。”

埃玛高兴地说：“查尔斯，太好了，你是个作家了！”她用温柔的目光看着达尔文，身子也越来越靠近他。

达尔文虽然对自然界具有敏锐的观察力，却不能洞察这个姑娘的心。他总是担心自己的相貌太平常，埃玛不会接受他的爱情。同时，他还没有正式职业，没有固定的收入，又不想用父亲给的钱来养活妻子，更不愿意靠变卖妻子的嫁妆生活而蒙受羞辱。

所以他虽然喜欢和埃玛在一起玩，殷切地关怀她，有时候也在埃玛的脸上友好地亲一亲，感情激动的时候还拥抱过她，但是始终没有向埃玛倾吐过心声。

达尔文在梅庄愉快地玩了10天后又回到了他在伦敦的住所。第二年，达尔文由于担任了地质学会秘书的职务，虽然薪水微不足道，但是却使他产生了一种自食其力的愉快感，加上发表科学论文得到的报酬，他认为有条件考虑结婚问题了。

10月，达尔文衣着整齐地离开了伦敦，再次到梅庄作短期拜访。这一次，埃玛几乎是形影不离地陪伴着他。同样，达尔文也热情洋溢，谈笑风生，毫不拘束地向埃玛倾诉自己的理想抱负和对未来生活的美好向往。

“散步对消化是会有帮助的，查尔斯，对吗？”埃玛紧靠着达尔文，肩并肩地向花园走去。

“是的。在舅舅的花园里散步，并且有你陪伴着我，我身上不舒服的感觉好像都被赶走了，”达尔文对埃玛说，“近来，我有时候感到心脏突突乱跳，好像不休息就很难继续工作下去。”

“如果散步能够医治你的病，我会永远陪着你散步的，”埃玛深情地说，“什么工作把你累出病来了？”

“现在还不能确诊，是晕船的后遗症，还是别的什么原因引起的，医生也说不清楚。工作嘛，有个我不打算和别人分担的课题一直占据着我的头脑，那是每个博物学家都应该正视的问题：生命的法则是什么？”

“它这么重要，请你讲给我听听，好吗？我们就在这棵树下坐下来讲吧！”

“我的观点也可能完全错了。如果触犯了你的信仰，你是不会饶恕我的。”

“我不在乎。查尔斯，我会那样吗？”埃玛说着就和达尔文在一棵老樟树下坐下来了。

“好吧。我把它看成一棵树——进化树。树干代表生命的最初阶段，或者叫生命的开端，”达尔文指着树枝参差不齐的老樟树说，“渐渐地，树枝长大了，又生出自己的嫩枝，而老的树枝有的枯萎了，也就是说有的物种灭绝了，有的发展成了新的类型。”

“动物，植物，所有的生物都是一样吗？”埃玛吃惊地问，“可是，哪来的时间呢？上帝创造万物一共只用了6天的时间！”

“应该是所有的生物都是一样，”达尔文说，“你得这么想，变化的过程要很多很多年，在人的干预下变化才能加快。”

埃玛摇摇头说：“我还是不明白。”

达尔文耐心地解释说：“花坛里的玫瑰经过选择以后，花就开得更大了。牧场的奶牛经过选择以后，产奶量就增加了。”

“那是人工的作用，自然界里是不会发生这种情况的。”

“假设它会发生吧。不过，自然界中生物的变化是非常慢的。比如，慢慢地产生了善于奔跑的狼，能够耐旱的龟，会爬树的蛙。”

“我不明白你的话，我只知道狼生狼，龟生龟。你这个不打算和别人分担的课题，什么时候可以完成？”

“我正在搜集资料，刚刚有了点头绪。要想完满地解决它，并且要包括你在内的人们去接受它，恐怕要用去我毕生的精力。”

“啊！毕生的精力？你的身体谁来照顾呢？”埃玛对达尔文的雄心壮志感到钦佩，但是又担心他的健康。

“埃玛，你觉得我的话可信吗？”达尔文试探地说，“我这个人，你的评价怎样？”

“评价，太多了。简单地说，你是我见到过的真正热情、坦率、表里如一、言行一致的人。不过，我觉得你比参加航海以前更可爱了。”

“我向你正式求婚，你愿意吗？埃玛！”达尔文勇敢地说，“还有，舅舅会不会同意你做我的妻子呢？”

“当然愿意，查尔斯，亲爱的！你这句话我已经等了好多年了，”埃玛面带羞色地倒在达尔文的怀里说，“我想，爸爸是不会反对的。不过，要等我正式征求他的意见以后，才能明确地告诉你。”

达尔文在11月11日的日记里写着这样的话：“这是最幸福的一天。”因为这一天，达尔文接到了埃玛关于全家都同意他们结婚的回音。

乔赛亚在给达尔文父亲的信里说：“语言不能表达我为这个决定所产生的喜悦，我们两家本来就是亲戚，我相信，这一结合将会使我们的子孙后代更加兴旺。”乔赛亚还准备拿出5000英镑作为女儿的嫁妆费。

达尔文让赖尔夫妇分享了自己的幸福，因为他近来同他们相处得非常友好。达尔文在给未婚妻的一封信中说：

任何人任何时候也没有像我这样幸福，或者说像您那样善良。我能使您真正地相信，在离开梅庄很久以后，我还认为，我没能畅快地表达我是多么感激您啊！这一点我是常常想到的。

我发誓要使自己成为一个非常好的人，以便多少能够配得上您。

我主要担心的是，在像梅庄那样众多而友好的伙伴中度过了您的全部生活以后，您会认为我们安静的夜晚将使您感到枯燥乏味。

我父亲一再重复舅舅的话："您得奖了。"我亲爱的埃玛，我怀着极其温顺而感激的心情吻您的双手，这种心情充满了我的幸福之怀，我最大愿望就是成为配得上您的人。

埃玛的感情表现在她给姨妈的信中：

噢！亲爱的姨妈，我希望您能看到我亲爱的爸爸他快乐的眼泪，因为爸爸对查尔斯一向评价很高。我从前就知道，达尔文是一个襟怀极其坦白的人，每句话都表现他的真正思想。他是一个令人非常喜爱的人，他对自己的父亲和姐妹们非常有礼貌，他的性格非常温和。

我感到高兴的是，他是一个积极肯干的人，我感到我每天的生活都是幸福的。查尔斯很喜欢梅庄这个地方，我相信，只要可能，他随时都准备到农村去。我并不像姨妈萨拉那样，查尔斯不喝酒，这点我并不在乎，可我认为，这一点倒是令人高兴的。

达尔文这时候更忙了，每天早晨他都要写关于南美洲鸟类的生物学著作，他还得一个人单独或同哥哥伊拉司马斯一起去逛伦敦大街，看看有没有出租的房子，以便他在同埃玛结婚后能够住在那里。赖尔夫妇当时特别关心此事。埃玛到伦敦去帮助达尔文寻找房子，同他一起去看戏。

他们最后在上高尔街选中了一套油漆得很漂亮的房子，于是便把东西搬到了那里。这座老房子之所以吸引了这对年轻人，主要是因为它有一个小花园。

1839 年 1 月 29 日，达尔文和埃玛在梅庄举行了婚礼，这对年轻人很快就去了伦敦。在婚后的最初一个时期，他们把很多时间用于接待客人的来访、到最亲近的人和熟人那里赴宴和回访他们的熟人。

别人的这些拜访可能使达尔文比他的妻子更加激动。扎德教授在描写达尔文这位热情的主人当时给客人们留下的感觉时说："我不知道有谁在同他接触时能不被他的个性迷住，谁能够忘记他见面时那种亲切地握手和在离别时那种温柔地、长时间地不断抚摸手掌的情景，而主要的是，谁能忘记他那引起面部整个表情变化的诱人的微笑。人们在回首往事时往往忘记哲学家深奥的哲理，而想起主人的热情好客。"

之后，达尔文夫妇几乎放弃了社交活动，过着非常安静、深居简出的生活。可是，达尔文的健康情况显然越来越坏了，因此他不得不到梅庄和施鲁斯伯里再次长期休息。

1839 年底，达尔文添了一个儿子。

提出震惊世界的论断

1842 年 9 月，达尔文夫妇买下唐恩村的庄园，这座庄园对他们很有吸引力，因为它是一个偏僻又舒适的地方，距伦敦不远。

买来的庄园一片荒芜，旧房屋的样子并不吸引人。为了使房屋有一个比较舒适的样子，达尔文在最初几年付出了很多劳动，把它粉刷了一遍，开辟了一个花园和一个菜园，围上篱笆，在房屋的第三层修了一个阳台，上面覆盖上一层匍匐植物。周围有一些森林，把白垩的露头和把小路截成两半的深壑掩盖起来，还有河谷中的耕地。

在唐恩庄园，达尔文度过了他的后半生。

在这里他写出了许多使他享有盛名，并使人们对生物界以及人在生物界的地位的看法产生巨大变化的博物学方面第一流的著作。从 1842 年至 1844 年间，达尔文孜孜不倦地对物种问题进行研究和著述。

这种平静的生活由于偶尔去亲戚那里作短暂的旅行，或到伦敦去，或到其他城市去参加英国科学协会会议，或到水疗机关参加水疗“训练班”而中断。这种生活同那种要求有很大的活动性和消耗极大体力的环球旅行截然不同。

达尔文后来的传记实质上只是他的著作史以及他和他的朋友们为生物学中的新思想斗争的历史。

年轻的达尔文曾经在第一次偶然到了热带佛得角群岛上的圣地亚哥后，坐在熔岩形成的悬崖下，利用赖尔的新地质学思想分析岛的地质史，以及他将撰写一部他所访问过的那些国家地质学著作的想法，使他当时欣喜若狂。

《珊瑚礁》一书是他实现这一理想的开端，而且成为一个辉煌的开端。

从 1854 年 9 月开始，达尔文把全部时间都用来整理大量有关物种变异问题的笔记，同时进行了与此有关的观察和试验。

《物种起源》被用来论证整个进化理论，尤其是用来论证对这种进化原因给予最完美说明的自然选择理论。这部书是根据前后三次写的“概要”中所拟定的那个明确的、有逻辑性的提纲所写的。

达尔文在《物种起源》中说：

幻想创造条件以使一种生物具有超出其他生物的优势，固然是个好主意，但实际上我们却找不到任何具体操作的办法，这使我们懂得，我们对一切生物间的相互关系知之甚少。我们非常清楚生物间关系的信念是必要的也是难做到的。

我们能够做到的是牢牢记住：每一种生物都在努力以几何级数增加其个体的数目；每一生物在生命的某一时期，在某一年中的某个季节，在每一代或间隔一定时期，都不得不为生存而斗争，而且都会遭到重大毁灭。

说到生存斗争，我们不必为之感到恐惧，死亡的来临通常是迅速的，而强壮、健康、幸运的生物不但能生存下去，而且必能繁衍下去。

《物种起源》以全新的进化思想推翻了神创论和物种不变论，把生物学建立在科学的基础上，提出震惊世界的论断：生命只有一个祖

先，生物是从简单到复杂，从低级到高级逐渐发展而来的。

有些人对物种的分类问题提出了自己的看法，达尔文便认真虚心地倾听了他们的建议和看法。也有不少人同意达尔文的观点，还有些人虽然不同意达尔文的理论，但对作者的不辞艰辛、对科学的执着追求给予应有的肯定。

有些人发现达尔文的研究方法本身存在着一些不足，有许多理论不能从他搜集的材料中直接得到。至于有些信仰宗教的人对达尔文的理论持坚决否定的态度，这是可以理解的。其他科学家也遇到过类似的情况。达尔文非常理解，他的观点一时不会被所有人都接受。

1867 年，达尔文完成了关于家养状态下的动物和植物进化这些巨著后，开始了从一般物种到人类物种的深入思考。这是一次深刻的思想进步，是一次艰难而伟大的穿越。

从 1864 年至 1870 年，是达尔文写《人类的起源》最紧张的时期。他每日伏案疾书，煤气灯的光线照着资料堆积如山的案头。1870 年 8 月底以前，该书脱稿，耗时 3 年，8 月 30 日付印。

关于人种起源的问题，达尔文对它作了完全独创的解答。他的结论是：

在所有对各人种之间以及在某些程度上对人和低等动物之间的外表差异起作用的因素之中，性选择是最积极的因素。

达尔文以自己的毕生精力，打通了人类认识世界的进化的道路，通过对自然界的探讨，认识了人类本身。在他身后，越来越多的事实补充、完善了他所创立的进化学说，连教皇也有条件地表示了接受进化的观点。

正式出版 《物种起源》

1859年11月24日这天，东升的旭日冲破晨雾，把温暖的阳光洒满了伦敦的大街小巷。伦敦的几家书店门前，人声鼎沸，许多自然科学爱好者你拥我挤地在争相购买刚刚出版的新书——达尔文的《物种起源》。这本书印了1250册，当天就销售一空。很多没有买到书的人都希望能够迅速再版。

《物种起源》的导言部分，有一行行令人惊奇的语句：

> 物种和变种一样，是其他物种所传下来的，而不是被分别地创造出来的。
>
> 许多自然学者直至最近还保持的、也是我过去所接受的那种观点——每一物种都是被各自创造出来的——是错误的。我完全相信，物种不是不变的。那些所谓属于同属的物种，都是另一个一般已经灭亡的物种的直系后代，正如现在会认为某一种的那些变种，都是这个种的后代。
>
> 此外，我又确信自然选择是变异的最重要的途径，但不是唯一的途径。

这本书里还提到，探讨“人类的起源和历史也将从这里得到许多启示”。

这些新奇的观点使人耳目一新。买到这本书的人奔走相告，一传十，十传百。从伦敦大学到剑桥大学，从牛津大学到伯明翰大学，从曼彻斯特到唐恩村和梅庄，整个英国到处都在谈论着《物种起源》。

有些人兴高采烈，拍手称快；有些人恼羞成怒，暴跳如雷；还有些人似懂非懂，把它当作奇闻传说。

达尔文的《物种起源》用极其丰富的资料，令人信服地证明生物界是在不断变化的，它有自己发生和发展的历史，现在世界上形形色色的生物都不是上帝的特殊创造物，而是“若干少数生物的直系后代”，生物进化是客观存在的事实，并且有规律可循。它们从简单至复杂，从低级至高级，不断发展、进化。

这种发展和进化，不是什么超自然力量干预的结果，而是自然界内部矛盾斗争的结果。也就是说生物的发展和进化，并不是由神的意志或者生物本身的欲望决定的，而是通过变异遗传、生存斗争和自然选择的结果。

达尔文合理地解释了生物的进化。他用物种变异的普遍性，推翻了物种不变论的形而上学的观点，致命地打击了当时自然科学中的目的论，戳穿了千百年来神创论宣传的“上帝创造万物”的谎言，把越来越多的人从宗教神学的迷信、落后和无知中解放出来了。

因此，《物种起源》出版以后，一向十分关注自然科学发展的马克思和恩格斯很快就阅读了这本书，并给予高度的赞扬。在它出版不到20天的时间里，恩格斯就在给马克思的信里说：

> 我现在正在读达尔文的著作，写得简直好极了。目的论过去有一个方面还没有被驳倒，而现在被驳倒了。此外，至今还从来没有过这样大规模的证明自然界的历史发展的尝试，而且还做得这样成功。

据威廉·李卜克内西回忆，当时马克思和他的朋友们有好几个月见面的时候不谈论别的问题，而只谈论达尔文和他发现的进化论。

《物种起源》的出版在生物学领域里产生了巨大而深远的影响。

继天文学、物理学、化学之后，生物学这个仍旧被宗教神学盘踞着的顽固堡垒现在终于也被炸开了。“达尔文推翻了那种把动植物种看作彼此毫无联系的、偶然的、‘神造的’、不变的东西的观点，第一次把生物学放在完全科学的基础上”，生物学完成了一次伟大的革命。

因此，《物种起源》在博物学家中产生了巨大的反响。除了胡克和赫胥黎以外，其他进步学者，像华生、格雷和华莱士等，也都纷纷来信表示拥护这个新理论。

华生在给达尔文的信里说：

一开始读《物种起源》，我就爱不释手。您的主导思想，就是“自然选择”的思想，一定会被看作是确定不移的科学真理，它有一切伟大真理所有的特征，变模糊为清晰，化复杂为简单，并且在旧有的知识上增加了很多新的东西，您是本世纪的……博物学中最伟大的革命者。

现在，这些新奇的观点，已经全被提到科学工作者的面前了，似乎真正值得注意的是他们当中还有许多人不能及时地看到他们的正路。

可是，像胡克、赫胥黎和华生这样热情支持达尔文学说的人实在是太少了，而反对的人却多得举不胜举。那些坚持“神创论”观点的自然科学家们都对生物学领域里的这场大革命抱着极端仇视的态度，他们利用《科学协会会报》等刊物发表文章，攻击达尔文和他的学说。

其中有些人还是很有名的科学家。更使达尔文伤心的是，他的一些好朋友也出来反对他。他们对进化论表示蔑视，进行冷嘲热讽。

欧文教授曾经是达尔文的好友和顾问，现在一下子变成了仇敌。他唯一的想法就是怎样用最恶毒的语言来攻击达尔文和《物种起源》。

达尔文在伦敦上高尔街 12 号居住的时候，家里的常客、天文学家赫歇耳，本来对生物学一窍不通，现在也出来反对生物学领域里的这场大革命。他说，《物种起源》里全是一些“杂乱的法则”。

达尔文想从他剑桥大学时代的老师、对他有过巨大帮助的地质学家塞治威克那里得到一点支持，万万没有想到的是，塞治威克来信说：

当我读着您的著作的时候，我感到的痛苦多于愉快……其中有些地方使我狂笑起来，笑得我两肋酸痛不堪；还有些地方使我感到极大的痛苦，因为我认为这些是完全错误的，而且是令人难堪的恶作剧。

我一向把因果关系称为上帝的意志，并且我能够证明，上帝是为了它所创造的万物的利益而有所作为的，上帝也是依取我们能够研究并且理解的法则而行动的。

他在信里认为，如果按照达尔文的自然选择法则，那就会出现这样的情况：

人类就会受到损失，人性就会受到摧残，人类就会堕落，堕落的程度比我们在人类史中可以查到的任何一次都要大……

塞治威克还在《旁观者》杂志上发表不署名的文章攻击达尔文，讽刺他的学说是企图“用一串气泡做成一条坚固的绳子”。

美国地质学家和鱼类学家路易士·阿加西斯用权威的口吻宣称：

我认为变异的理论是一个科学上的错误，所举事实的用意是恶作剧的。

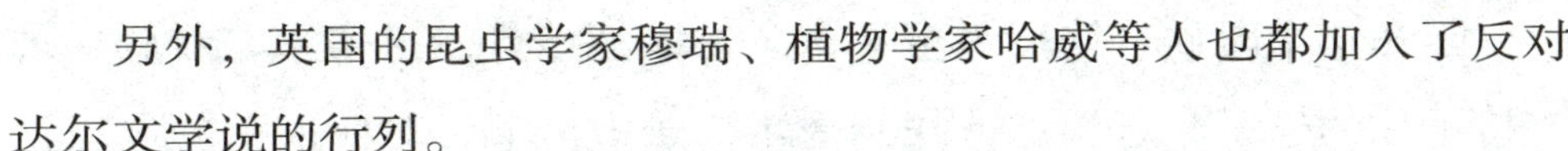

另外，英国的昆虫学家穆瑞、植物学家哈威等人也都加入了反对达尔文学说的行列。

达尔文从前的老师和科学界的朋友同他一天天地疏远了。

但是，《物种起源》的出版，像一颗重磅炸弹落在神学阵地上，它不但挫败了关于上帝存在的种种论据，使《创世记》中的“真理”受到人们的怀疑，而且把基督教神学的整个理论体系摧毁了。

于是，在英国各地，咆哮着的教士们利用神学院声讨达尔文的著作，脸色铁青的主教们斥责达尔文的进化论是“亵渎神创的异端邪说，如果像它所说的那样，势必导致没有上帝，而猴子反倒是我们的亚当了”。道貌岸然的教会首领强烈要求英国当局停止出版《物种起源》，并且没收已经出版的书。

基督教的天主教、正教和新教三大派别尽管有这样那样的矛盾和冲突，可是它们都认为：达尔文的《物种起源》“是一种推翻上帝的阴谋，意在扰乱对神的信仰，企图毁灭上帝，想把上帝屏诸门外，是大逆不道的”。

他们还公开叫嚷，要“围剿达尔文，打倒达尔文！”以便“扑灭邪说，拯救灵魂”。他们妄图把科学史上这场革命扼杀在摇篮之中，反动气焰十分嚣张。

威胁恐吓的信件，从英格兰各地、从海外很多地方雪片般地向唐恩村飞来。几个月来，很少收到邮件的唐恩村居民经常看见邮递员肩上背着笨重的邮袋，沿着小路向达尔文住宅走去。这些信件大部分是从默瑞先生的出版社转来的，因为大多数发信人都不知道《物种起源》的作者住在什么地方。

令人遗憾的是，许多信件毫无科学内容，尽是辱骂，甚至使用了非常无礼的措辞，没有署名的信件更是这样。一次，达尔文忽然脸色苍白，浑身发抖，站在书房的壁炉前，原来是一封语言特别恶毒的来信，使他实在气极了。后来，他只好把那封信扔进壁炉里烧掉。

正在这个时候，埃玛手里又拿了一大摞信件走进房来，看到丈夫支持不住的样子，赶快把他扶到橡木椅子上坐下，对他说："别看了，亲爱的，早知道这样，我就不拿来了。"

"不，不，我必须知道大家的看法，虽然我没有力量当面对答，但是我要给他们回信。"达尔文在这段期间，已经回复了两百多封读者来信，"亲爱的，有封来信说我是英国最危险的人物。你说是吗？但愿他能够看见我。"

"我只知道你是我最好的丈夫。"埃玛说，"别管它。不过，我最不愿意人家说你是个无神论者。"

"埃玛，神学对于这个问题的意见，总是使我感到痛苦，我感到混乱了。我并不是有意用无神论的态度来写这本书的，让每个人都希望他所能希望、信仰他所能信仰的吧！"

达尔文在宗教势力的猛烈攻击、咒骂、挖苦、嘲笑声中有些动摇了。他问自己的妻子："亲爱的，难道真是我错了吗？可是，怎么也不能使我相信，一个慈悲的、全能的上帝会有计划地创造蜂科，目的是专为使它住在活毛虫体内吸取食料；我也不能相信，老鼠被创造出来是为了给猫吃的。"

"我相信，我亲爱的查尔斯是正确的。"埃玛安慰自己的丈夫说，"你应该看到，在你的背后还有像赫胥黎这样一批科学家在支持你。我永远和你在一起。"

埃玛是信仰英国国教的虔诚教徒，在达尔文遭到教会猛烈抨击的时候，她为了安慰自己的丈夫，居然不顾宗教信仰，同她的丈夫并肩战斗了。其实她也非常需要得到别人的安慰。不久以前，由于报纸不停地辱骂达尔文，使她也很难忍受，打算停订这类报纸，只是在达尔文的劝阻下才没有这样做。埃玛非常需要别人的鼓励，然而她却强制自己去鼓励丈夫。

"查尔斯，不久以前，赫胥黎教授在皇家学会发表的那篇演说，你还记得吗?”

“嗯，我记得时间好像是今年2月份。”

埃玛拿出赫胥黎那次演说的抄稿读了起来:

科学工作者是在理性的高等法院中宣过誓的自然解释者。但是，如果审判官的顾问是无知的，并且陪审员是偏见的话，那么科学家的忠实言论还有什么用呢？根据我所知道的来说，在每一个伟大的自然真理被人们普遍地接受以前，总是有过这样一个时期，在这个时期中，“最可尊敬的人们”断言科学家研究的那些现象乃是直接依赖神的意志的，研究这些现象的企图不仅是徒然的，而且是亵渎神灵的。再者，对于自然科学的这种反抗……都被击溃了，被弄伤了，但是似乎永远没有被人杀死；经过了100次的战斗以后，它在今天还像伽利略时代一样地跋扈。可喜的是它已经不像从前那样恶作剧了。

达尔文插话说:“但愿我不会遭到像伽利略那样的终身监禁。”

“亲爱的，听到伽利略的事，真叫人毛骨悚然。你听赫胥黎下面是怎样说的。”埃玛接着又读了一段:

科学家提出了许多伟大的问题，《物种起源》不是第一个，也不是最后一个，但是这个问题会要求这一代的人们给予解答。一般人的思想在奇异地沸腾着，注意时代动向的人们看得很清楚，19世纪将会看到思想和实践上的革命，它的巨大程度将等于16世纪所看到的一样。在这种新的改革的进程中，谁能够知道文明的世界将会通过什么样的磨炼和痛苦的斗争呢?

但是我确信，不论将来的情形怎样，英国可以在这次战斗中扮演一个伟大而崇高的角色。她可以向全世界证明：至少有一个国家的人民认为，专制政治或者奸雄统治并不是政府所必须采取的形式；自由和秩序并没有矛盾；虔诚心是知识的女仆；讨论的自由是真理的生命，也是一个民族的真正团结的生命……

“是的，每当我想起赫胥黎那种英勇战斗的精神的时候，我也就无所畏惧了，”达尔文对埃玛说，“刚才我在给胡克的信里还表示了这样的决心：他们都可以来尽情地攻击我。我的心肠已经变硬了。至于剑桥大学的那些老古董们，丝毫不值得注意。据我看，他们的攻击恰好证明了我们的工作并没有辜负我们所费的精力。这使我决心穿好我的铠甲。我看得很清楚，这将是一个长期而艰苦的战斗，我们如果都坚持这个理论，我们就一定会取得胜利。”

“那么，牛津大学的情况怎么样？”埃玛问，“那儿的反对声浪好像一浪比一浪高。”

“这并不奇怪。在牛津大学，牧师比教堂里的钟还要多。”达尔文回答说，“那儿是把我的理论彻底烧光的再好也没有的地方了。”

但是，胜利永远是站在真理这一边的，达尔文的《物种起源》中的进化论和自然选择学说，终究还是获得了世人的承认。

晚年生活

没有变化的生活，就像织布机上的经纬，一匹一匹的岁月都织出来了，而花色却是一个样子的单调。

——达尔文

对子女作科学观察

达尔文把他的子女当成了科学观察的对象，一出生就开始详细地观察和记录他们的一举一动，从中搜集证据用来证明人类的情感与动物并无本质区别，必定是经过进化而来，而不是上帝创造的。

1839 年 1 月，30 岁的达尔文与表姐埃玛结婚。结婚当年年底，达尔文夫妇有了第一个儿子。此后一直到埃玛 48 岁，他们共生下了十个子女。其中有三个夭折：二女儿玛丽仅活了三个星期，小儿子查尔斯在两岁时死于猩红热，大女儿安妮在 10 岁时死于肺结核。

在达尔文的时代，儿童夭折是日常生活的一部分。在当时的英国，大约五分之一的婴儿没能活到一岁。即使是 11 岁至 15 岁的儿童，死亡率也高达千分之五。

猩红热在当时对儿童是一种能够致命的常见传染病，达尔文的朋友、后来被称为“达尔文的斗犬”的托马斯·赫胥黎也有一个儿子 3 岁时死于猩红热。

至于肺结核，在当时更是医院不予收治的可怕的不治之症，在死亡原因中排在第一位。

尽管近亲结婚是不科学的，但客观地看待达尔文当时的情况却是这样的：既没有给达尔文的子女带来更高的夭折率，也没有影响到他们的身心健康。

没有夭折的两个女儿和五个儿子都很长寿，平均年龄达到 80 岁。

大儿子是银行家，二儿子是数学家、剑桥大学教授，三儿子是植物学家、剑桥大学教授，四儿子是工程师、皇家地理学会会长，五儿子是科学仪器设计者、剑桥市长和皇家学会会员，可谓个个学有所

成。这一客观现象，也许是整个自然界并不多见的特例吧！

在达尔文看来，孩子的夭折也是一个自然事件，并非上帝的安排。他相信，医学也许有一天会发现疾病的自然因素和治疗方法，但是宗教对此毫无用处。

达尔文的妻子埃玛是个虔诚的基督徒，面对孩子的死亡，特别是她和达尔文最宠爱的大女儿安妮死亡，她和当时的多数人一样，从宗教信仰中寻找安慰，希望安妮能上天堂，等自己死后与她在天堂上再见。

但是，埃玛无法明白上帝把安妮从她身边夺走的目的何在。她珍藏了安妮的一些遗物，放在一个书箱中。它们至今还在达尔文后人的手中。

达尔文此前已向埃玛明确表示过，虽然他曾经是剑桥神学院的学生，但是他不相信基督教。他仔细推敲过基督教的教义，发现没有证据和理由能够让他接受基督教。

达尔文虽然不相信基督教，但他还是坚持和埃玛、子女们一起上教堂参加礼拜仪式。在安妮死后，达尔文彻底地告别了基督教，不再参加礼拜仪式。

每到星期天，达尔文把家人送到教堂，自己则留在外面等他们。能安慰他的，只有安妮留下的美好回忆。在安妮死后一周，他写下了一篇安妮回忆录。

安妮究竟得了什么病，当时并无明确的记载，其死因也只简单地写着“发烧”。但是从其发病过程和症状看，现在一般认为安妮得的是肺结核。在当时，没有任何药物可以真正治疗肺结核。

实际上，当时对绝大部分疾病都没有真正有效的药物，流行的药物大多含汞、砷等重金属，或者是鸦片之类的毒品，不仅不能治病，反而会对身体造成进一步的伤害。

在安妮患病后，达尔文根据一位名医的建议，每天对安妮进行

"水疗"，例如用湿布包裹患者全身，猛烈揉搓五分钟。

在家中治疗无效后，达尔文把安妮送到了那位名医的疗养院，在其指导下进行水疗。

孩子是父母能够得到的最好礼物，而孩子的夭折也给父母带来了最大的痛苦。

一个月后，安妮就死在了那里。在安妮生命的最后几天，达尔文日夜陪伴在她身边，每天写信向因怀孕留在家中的埃玛汇报情况，留下了详细的记录，读之令人心酸。

安妮死于1851年。当时医学界对肺结核的病因一无所知，有的认为是消化不良引起的，有的认为它是一种遗传病，这让经常患病的达尔文更感到内疚。肺结核也是达尔文时代的人们所难以想象的。

事实上，当时整个医学界对传染病的病因都一无所知。26年后，德国医生科赫发现炭疽杆菌，首次证明传染病是病菌引起的。直至1944年链霉素的出现，才有了真正能够治愈结核病的药物。

达尔文远航考察回来后，过着一种独立的科学家的生活。能够单独在家里工作，这在维多利亚女王时代的英国，仅极少数人有幸得以过这种生活。

达尔文钟爱妻女，但把她们当小孩子一样看待，碗橱和其他存储处的钥匙都锁在抽屉里，达尔文拿着抽屉的钥匙，埃玛每次要开抽屉都得向他要钥匙。

达尔文把婚后的家变成了一个实验室，他在唐恩庄园的花园中做实验，并尽一切可能观察当地的动物区，连猫和狗也成了他家庭的一部分。

1839年至1856年间，这个家庭中一直有学龄以下的儿童。他们是达尔文自己的孩子，自然也就成为他进行科学观察的最好对象了。

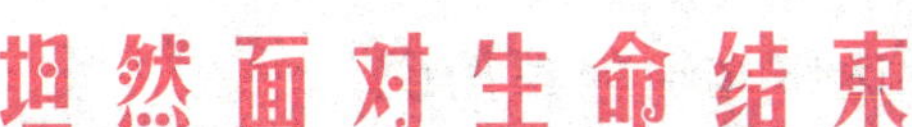

坦然面对生命结束

1881 年 7 月，达尔文从乌尔苏奥捷尔回来后，给华莱士写信说：

> 我不能散步，我很累，即使观赏风景也是如此，我也不知该如何用剩余的时间。我想，我祝所有的人都美满幸福，虽然生活对我来说已变得很糟糕了。

1881 年 12 月 13 日，他来到女儿亨里埃塔的家里。他还没等去拜访罗马内斯，就在楼梯上犯了心脏病。

1882 年 1 月，他的病情加重了。从 2 月末至 3 月初，心脏病发作的间隔更短了，而且几乎每天都出现心跳过速。

3 月 8 日，他沿着他所喜爱的沙滩小路走来走去，心脏病又突然发作了。他艰难地走回了家，从此不敢远离家门了。

达尔文的很多情况被认为与他较差的健康状况有关，其中包括惊恐障碍、乳糖不耐症和臆想症。

很多史学家认为他患的是一种热带寄生虫病。还有一点，当时并未引起达尔文的注意，这是后人在研究他的家谱时发现的：达尔文的一位叔伯祖父、叔父和大姐都长期患有医生无法诊断的古怪病。达尔文本人从中年开始，也得了一种连续折

磨他42年，但谁也说不清的“神秘病”。

老朋友赫胥黎对他热心照料，希望达尔文能得到所有医生的精心治疗。3月27日，达尔文给他写信说：

亲爱的赫胥黎：

您那封极亲切的信对我确是一种强心剂。今天，我觉得比以往三个星期要好一些，而且现在我也还没有感到任何疼痛。您的计划看来是非常好的，所以，如果我的健康会大大好转的话，我将要谈到它。

克拉克医生对我是无比亲切的，请他再来一次就好了，但是他太忙了。

亲爱的老朋友，请您再一次接受我的诚挚的谢意吧！我诚恳地希望，世界上再多一些像您这样的“自动物”就好了。

永远是您的达尔文

4月15日，达尔文在进晚餐时突然感到晕眩。他想走向沙发，可是却浑身无力地倒在地上。只要身体不适，他就喜欢躺在客厅的沙发上，眼望向摆放着古董和挂着图画的那个角落。

17日，他的病情再度好转，他的夫人在日记中写道：“天气晴朗，他做了一些轻微的运动，两次在户外，即在花园里散步。”

18日夜，达尔文感到身体严重不适，并且昏倒了。苏醒过来后他叫醒夫人。他大概感觉到死亡逼近，他说道：“我一点也不怕死。”他还对妻子和孩子们说了几句温存的话：“只要一有病就受到您的服侍。”“告诉孩子们，他们一向对我和善。”

1882年4月19日16时，达尔文在夫人埃玛的怀里停止了呼吸。

自发的隆重葬礼

1882年4月26日，达尔文的葬礼隆重举行。

10名抬棺者中除了鲁巴克、一名威斯敏斯特大教堂的教士，还包括皇家学会会长代表科学界，一名伯爵和两名公爵代表政府，美国大使代表外宾，以及达尔文最亲密的朋友中还健在的植物学家约瑟夫·胡克、自然选择理论的共同发现者华莱士、古生物学家托马斯·赫胥黎。

胡克知道达尔文随“贝格尔”号舰环球航行回来后，在研究将会颠覆世界的理论，他支持达尔文与华莱士同时发表了关于自然选择论的论文，并在次年出版《物种起源》。

华莱士是将自然选择理论称为达尔文主义的第一人。而赫胥黎替他四处争斗捍卫进化论，因此获得“达尔文的斗犬”的称号。

送葬者包括伦敦市长，皇家学会、林纳学会和其他科学学会的会员们，以及各国、各界代表。在“得智慧，得聪明的，这人便为有福”的赞美诗歌声中，达尔文被埋在了牛顿墓碑的下方。

在举行葬礼之前的4月20日，英国的报纸纷纷发表评论，呼吁把这位“自牛顿以来最伟大的英国人”与牛顿等人埋在一起供后人凭吊。

有一家报纸还指出，早在15年前普鲁士国王已授予达尔文爵位，英国女王却没有这么做，以致达尔文死时还是一介平民，不能以“爵士”的头衔下葬，难道不该以入祠祀奉来弥补英国对其第一儿子的不公平待遇吗？

在媒体的呼吁声中，皇家学会会长给达尔文的家人去信，请求他们同意达尔文入葬威斯敏斯特大教堂。达尔文的邻居、林纳学会会长兼议员约翰·鲁巴克搜集了28位议员的签名，向威斯敏斯特大教堂主教请愿。正在法国访问的威斯敏斯特大教堂主教甚至还未收到议会的请愿书，就已发电报表示同意让达尔文入祠。

没有人觉得把提出动摇了基督教世界的学说的人埋在大教堂里有何不妥。《时报》甚至评论说："该大教堂需要这个葬礼甚于该葬礼需要大教堂。"

进化论与基督教的冲突似乎已成为历史。英国基督教领袖们乘机在世人面前展示他们的宽容。《旗帜报》宣称："真正的基督徒能够像接受天文学和地质学一样接受进化论的主要科学事实，而不会对更古老和珍贵的信仰产生任何偏见。"

事实上，达尔文死时不仅不信神，甚至对基督教极其反感。他生前不愿公开他的宗教立场，一方面是因为他不愿参与争端，另一方面也是因为他认为不信神的立场只适合于有教养的人，让普通大众接受无神论的时机还不成熟。

但是在私下场合，达尔文并不隐瞒他反对基督教的立场。这有他晚年写的自传为证。在自传中，他用一章专门阐述自己的信仰，批驳各种有关上帝存在的证据，认为没有任何理由相信上帝存在，并介绍了自己唾弃基督教的经过。他甚至抨击基督教的教义"真是一种可诅咒的教义"。

达尔文的墓碑极为简朴，墓志铭直白而真切：

《物种起源》及其他几部自然科学著作的作者查尔斯·达尔文。

生于1809年2月12日，卒于1882年4月19日。

达尔文主义产生

英国生物学家华莱士与达尔文同时提出了以自然选择为中心的生物进化思想，1889 年，华莱士第一次把达尔文的学说称为“达尔文主义”。达尔文主义的著名代表人物还有赫胥黎和海克尔等人。

达尔文创立的以自然选择为中心的生物进化理论，即通常所指的进化论。达尔文运用大量地质学、古生物学、比较解剖学、胚胎学等方面的材料，特别是他在环球航行期间以及研究家养动植物时所获得的第一手材料，令人信服地证明了现存多种多样的生物是由原始的共同祖先逐渐演化而来的，揭示了自然选择是生物进化的主要动因，从而使进化论真正成为科学。

自然选择的主要内容包括变异和遗传、生存竞争和选择等。

达尔文主义第一次把生物学放在完全科学的基础上，它的产生不仅是生物学的伟大革命，也是人类思想史上的伟大革命，具有巨大的哲学意义。

达尔文主义用自然选择的进化学说合理地说明生物的多样性和适应性，从而有力地打击了唯心主义的特创论和目的论利用生物的多样性和适应性长期宣扬的上帝有目的地创造生物的观点，这是唯物主义世界观的伟大胜利。

马克思、恩格斯高度评价达尔文的进化论，并把它引为自己学说的自然史基础。唯心主义者则试图利用达尔文主义宣扬他们的哲学思想和社会政治观点，产生了社会达尔文主义、庸俗进化论等流派。围绕达尔文主义所展开的哲学斗争，一直延续至今。

在达尔文时代，细胞学说刚刚建立，遗传学尚未成为科学，因而达尔文主义没有也不可能揭示生物遗传、变异的机制。此外，达尔文还过分强调了生物的缓慢进化。达尔文的这个局限性，自然也是时代造成的。

19 世纪末叶以来，出现了把达尔文的自然选择学说与遗传学相结合的趋势，各门生物科学的新成就使达尔文主义发展到一个新的阶段，即新达尔文主义。

新达尔文主义产生于 19 世纪末，创立者是德国生物学家魏斯曼。美国遗传学家摩尔根、英国遗传学家汤姆逊也是有影响的新达尔文主义者。1896 年，罗马尼斯首次将这种理论称为“新达尔文主义”。

19 世纪下半叶，细胞学取得了长足的进步，陆续发现了细胞核、染色体以及有丝分裂、减数分裂等重要事实。在这些成就的基础上，魏斯曼通过自己的实验研究，认真探讨了遗传和进化问题。他做了著名的小鼠尾巴切割实验，发现连续切割 22 代，小鼠尾巴并未变短，他由此否定获得性状遗传。

新达尔文主义认为，生物体由种质和体质所组成。种质即遗传物质，专司生殖和遗传；体质执行营养和生长等机能。种质是稳定的、连续的，不受体质的影响，它包含在性细胞核主要是染色体里。获得性状是体质的变化，因而不能遗传。

魏斯曼提出，进化是种质的有利变异经自然选择的结果。1917 年，摩尔根提出“基因论”，把魏斯曼的种质发展为染色体上直线排列的遗传因子，即基因。

新达尔文主义是进化学说发展中承上启下的一个重要阶段。魏斯曼把遗传学和自然选择学说结合起来，开创了进化论研究的新方向。

他首次区分种质和体质，指明了遗传的物质基础及其连续性，在遗传机制上补充了达尔文的观点。

这是新达尔文主义的重要贡献。然而，像任何思想学说都有局限性一样，魏斯曼把种质和体质绝对对立起来，也具有一定的局限性。

附　录

脾气暴躁是人类较为卑劣的天性之一，人要是发脾气就等于在人类进步的阶梯上倒退了一步。

——达尔文

经典故事

整个世界都是大问号

达尔文从小就爱幻想，他热爱大自然，尤其喜欢打猎、采集矿物和动植物标本。他的父母十分重视和爱护儿子的好奇心和想象力，总是千方百计地支持孩子的兴趣和爱好，鼓励他去努力探索，这为达尔文能写出《物种起源》这一巨著打下了坚实的基础。

一天天气晴朗，蔚蓝的天空中飘着几朵白云，大地散发着诱人的清香，妈妈带着达尔文在花园里玩耍。孩子们采了一些花儿，又去捕捉蝴蝶。

妈妈拿起花铲给刚栽的几棵树苗培土。她铲起一撮乌黑的泥土，轻轻闻了闻，然后把它培在小栗树的树根旁。

“妈妈，我也要闻闻。”达尔文兴高采烈地跑了过来，学着妈妈的样子闻着乌黑的泥土。

妈妈一边为小树培土一边说：“泥土是个宝，小树有了泥土才能生长。别小看这泥土，是它长出了青草，喂肥了牛羊，我们才有奶喝，才有肉吃；是它长出了小麦和棉花，我们才有饭吃，才有衣穿。泥土太宝贵了。”

达尔文问：“妈妈，那泥土能不能长出小狗来？”

“不能呀！”妈妈笑着说，“小狗是狗妈妈生的，不是泥土里长出来的。”

达尔文又问：“我是妈妈生的，妈妈是姥姥生的，对吗？”

“对呀！所有的人都是他妈妈生的。”

“那最早的妈妈又是谁生的？”

“是上帝！”

“那上帝是谁生的呢？”

妈妈答不上来了。她对达尔文说：“孩子，世界上有好多事情对我们来说都是个谜，你像小树一样快快长大吧，这些谜等待你们去解开呢！”

细心地观察事物

1828 年的一天，在伦敦郊外的一片树林里，一位大学生围着一棵老树转悠。

突然，大学生发现在将要脱落的树皮下，有虫子在里边蠕动，便急忙剥开树皮，发现两只奇特的甲虫，正急速地向前爬去。这位大学生马上左右开弓抓在手里，兴奋地观看起来。

正在这时，树皮里又跳出一只甲虫，大学生措手不及，迅即把手里的甲虫藏到嘴里，伸手又把第三只甲虫抓到。

看着这些奇怪的甲虫，大学生真有点爱不释手，只顾得意地欣赏手中的甲虫，早把嘴里的那只给忘记了。

嘴里的那只甲虫憋得受不了啦，便放出一股辛辣的毒汁，把这大学生的舌头蜇得又麻又痛。他这才想起口中的甲虫，张口把它吐到手里。然后，不顾口中的疼痛，得意扬扬地向市内的剑桥大学走去。

这个大学生就是查尔斯·达尔文。后来，人们为了纪念他首先发现的这种甲虫，就把它命为“达尔文”。

年　谱

1809 年 2 月 12 日，查尔斯·罗伯特·达尔文出生在英国施鲁斯伯里镇。

1817～1825 年，在施鲁斯伯里私立中学就读。

1825～1827 年，在苏格兰爱丁堡大学攻读医学。

1828～1831 年，在英国剑桥大学就读。

1831～1836 年，随“贝格尔”号军舰环球考察。

1837 年，开始写作第一本物种演变笔记。

1839～1843 年，编纂五卷本巨著《“贝格尔”号舰航行期内的动物学》。

1842～1846 年，撰写三卷本著作《“贝格尔”号舰航行期内的地质学》。

1844 年，撰写进化论的论文。

1855 年，开始撰写关于进化论的主要著作。

1859 年，发表《物种起源》。

1860 年，英国科学促进会年会在牛津大学关于进化问题的大辩论。

1868 年，发表《家养动物和培育植物的变异》。

19 世纪 70 年代，发表五部关于植物的著作。

1871 年，发表《人类起源和性选择》。

1872 年，发表《人类和动物情感的表达》。

1881 年，发表关于蚯蚓的著作。

1882 年 4 月 19 日，达尔文在自家庄园逝世，葬于威斯敏斯特大教堂。

名 言

- 一切为了生存。

- 物竞天择，适者生存。

- 我一贯力求思想不受束缚。

- 完成工作的方法是爱惜每一分钟。

- 寿命的缩短与思想的虚耗成正比。

- 最有价值的知识是关于方法的知识。

- 只有服从大自然，才能战胜大自然。

- 把爱情小说结局搞成悲剧的作者，都该吊死。

- 我从来不认为半小时是微不足道的很少的一段时间。

- 机会是每个人都有的，但许多人不知道他们已碰到它。

- 科学就是整理事实，以便从中得出普遍的规律或结论。

- 一切成就都是由于思索、忍耐和勤奋而获得。

- 科学的成功在于深深的热爱和坚持探索。

- 脾气暴躁是人类较为卑劣的天性之一，人要是发脾气就等于在人类进步的阶梯上倒退了一步。

- 作为一个科学家来说，我的成功……最主要的是：爱科学、在长期思索任何问题上的无限耐心、在观察和搜集事实上的勤勉、相当的发明能力和常识。

● 要是没有为数众多的可敬的观察家们辛勤搜集到的丰富资料，我的著作便根本不可能写成，即使写成了也不会在人们心目中留下任何印象。所以我认为荣誉主要应归于他们。

● 我既没有突出的理解力，也没有过人的机智。只是在觉察那些稍纵即逝的事物并对其进行精细观察的能力上，我可能在普通人之上。

● 敢于浪费哪怕一个钟头的人，就说明他还不懂得珍惜时间的全部价值。

● 不要因为长期埋头科学，而失去对生活、对美、对待诗意的感受能力。

● 我的生活过得像钟表的机器那样有规则，当我的生命告终时，我就会停在一处不动了。

● 我在科学方面所作出的任何成绩，都只是由于长期思索、忍耐和勤奋而获得的。

● 我之所以能在科学上成功，最重要的一点就是对科学的热爱，坚持长期探索。

● 如果说我有什么功绩的话，那不是我有才能的结果，而是勤奋有毅力的结果。

● 谈到名声、荣誉、快乐、财富这些东西，如果同友情相比，它们都是尘土。

● 我不能忍受游手好闲，因此，我以为只要我能够做，我就会

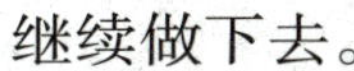

继续做下去。

● 我坚持奋战55年，致力于科学的发展，用一个词可以道出我最艰辛的工作特点，这个词就是失败。

● 我所学习到的任何知识，都是由自学中得来的。

● 无知者比有知者更自信。只有无知者才会自信地断言，科学永远不能解决任何问题。

● 乐观是希望的明灯，它指引着你从危险峡谷中步向坦途，使你得到新的生命新的希望，支持着你的理想永不泯灭。

图书在版编目(CIP)数据

达尔文 / 苗晋平编著. —北京:中国社会出版社,2012.9
(2022.6 重印)
(世界名人非常之路)
ISBN 978-7-5087-4141-3

Ⅰ. ①达… Ⅱ. ①苗… Ⅲ. ①达尔文,C.(1809～1882)-生平事迹 Ⅳ. ①K835.616.15

中国版本图书馆 CIP 数据核字(2012)第 201459 号

出 版 人:浦善新　　策划编辑:侯　钰
责任编辑:侯　钰　　封面设计:张　莉

出版发行:中国社会出版社　　地　　址:北京市西城区二龙路甲 33 号
邮政编码:100032　　编 辑 部:(010)58124867
网　　址:shcbs. mca. gov. cn　　发 行 部:(010)58124866
经　　销:各地新华书店

印刷装订:北京华创印务有限公司　　开　　本:170mm×240mm 1/16
印　　张:13　　字　　数:200 千字
版　　次:2012 年 9 月第 1 版　　印　　次:2022 年 6 月第 4 次印刷
定　　价:49.80 元

中国社会出版社微信公众号

中国社会出版社天猫旗舰店